Christa Ginaidi und Ahmed Ginaidi

Die Situation der Frau im Islam und im Christentum

Psychologisch-ethnologische und historisch-theologische Hintergründe

Christa Ginaidi und Ahmed Ginaidi

DIE SITUATION DER FRAU IM ISLAM UND IM CHRISTENTUM

Psychologisch-ethnologische und historisch-theologische Hintergründe

Stuttgart 2005
Edition Noëma

Bibliografische Information Der Deutschen Bibliothek

Die Deutsche Bibliothek verzeichnet diese Publikation in der Deutschen Nationalbibliografie; detaillierte bibliografische Daten sind im Internet über <http://dnb.ddb.de> abrufbar.

∞

Gedruckt auf alterungsbeständigem, säurefreien Papier
Printed on acid-free paper

ISBN: 3-89821-485-0

© *ibidem*-Verlag
Edition Noëma

Stuttgart 2005
Alle Rechte vorbehalten

Das Werk einschließlich aller seiner Teile ist urheberrechtlich geschützt. Jede Verwertung außerhalb der engen Grenzen des Urheberrechtsgesetzes ist ohne Zustimmung des Verlages unzulässig und strafbar. Dies gilt insbesondere für Vervielfältigungen, Übersetzungen, Mikroverfilmungen und elektronische Speicherformen sowie die Einspeicherung und Verarbeitung in elektronischen Systemen.

Printed in Germany

Inhaltsverzeichnis

Vorwort 7

I Die Frau im Islam 11

1. Die Naturgegebenheiten der Wüstenbewohner und deren Einfluß
   auf die Struktur des sozialen Umfelds von Mann und Frau 13
   a) Die Rolle der Geschlechter in der vorislamischen Zeit 14
   b) Die Situation der Frau in der Zeit der Dschahiliyya auf der
      Arabischen Halbinsel 19
   c) Die Situation der Frau aus islamischer und
      christlich-theologischer Sicht 23

2. Ethnische Traditionen und deren Einfluß auf das gesellschaftliche
   Verhalten in der Beziehung zwischen Mann und Frau 46
   a) Die Beschneidung und deren soziale Auswirkung auf das
      Bewusstsein des Mannes 47
   b) Das Heiraten in islamischen Ländern 55
   c) Der alltägliche Umgang zwischen Mann und Frau in
      ethnischer und islamischer Tradition 69
   d) Die Bedeutung des Kinderreichtums als Schutzinstrument
      für die Frau 75

3. Die aktuelle Situation der Frau im Prozeß der Identitätsfindung
   in der Nachkolonialzeit 78

4. Die aktuelle Situation der Frau in verschiedenen islamischen
   Kulturen und ihr Kampf um ihre eigenen Rechte 88

II Die Wirkungsweise der Moderne auf die muslimischen
   Emigranten und insbesondere die Frau in der Diaspora 101

   1. Das Kopftuch als ein Pfeiler des Islam in der
      Diasporasituation 108

   2. Einfluß der Diasporasituation auf die Erziehung der
      muslimischen Migrantenkinder 112

III Die Situation des abendländischen Individuums im Rahmen der
    Moderne in kritischer Betrachtung 119

   1. Allgemeine Betrachtungen zur Situation der Frau in der Moderne...127

   2. Einfluß der Muttersituation auf die Kinder im schulischen Alltag....141

IV Wie sollte eine menschenkonforme Entwicklung aussehen? 149

   1. Die Rolle der Sexualität in der Interaktion zwischen Mann und Frau 151

   2. Die Rolle des Glaubens in Bezug auf die Freiheit des Menschen
      und speziell auf die Emanzipation der Frau 164

   3. Was können die Frauen im Abendland von den Frauen im
      Morgenland lernen und umgekehrt? 172

   Literatur 185

Vorwort

Dieses Buch haben wir beide als eine Warnung an die Gesellschaft und aus Pflichtgefühl unseren Schülern und deren Müttern gegenüber geschrieben. Seitdem ich meine Frau geheiratet habe und vor allem nach dem ersten Besuch meiner Mutter aus Ägypten bei uns, die mir immer wieder suggerierte, dass ich dank ihrer Gebete eine solche Frau erhalten habe, wurde mir dieser Tatbestand richtig bewusst. Von da an habe ich als Ehemann eine völlig neue Sichtweise für meine Frau bekommen. Die Aussagen meiner Mutter rissen mich aus der Lethargie. Ich begann danach, in meiner Frau meine göttliche Ergänzung zu erkennen. Damit fing für uns ein völlig neues Kapitel an Beziehungsqualität an. Durch gemeinsame Gespräche wurde uns die Situation der Frau in islamischen Ländern und gerade in Europa bewusst. Dies hat unseren Blick für die Situation des weiblichen Geschlechts sehr geschärft. Wir haben erkannt, dass z.B. die alltägliche Situation einer allein erziehenden Mutter für diese Normalität darstellt und genau hier liegt soziales Unrecht.

Die Eigenschaft, sich neuen Umständen anzupassen, ist eine biologische Eigenart aller Lebewesen, die im Grunde genommen der Arterhaltung dient. Allerdings bezieht sich dieser Anpassungsproßeß auf die nackte Natur und nicht auf vom Menschen hergestellte soziale Strukturen. Mit anderen Worten: Der moderne Begriff der Emanzipation ist nichts anderes als eine Verfälschung der Realität. Geld verdienen, Karriere machen sind Ziele für den Mann, der in Wahrheit damit der Frau dienen sollte, damit sie ihre viel wichtigeren und vornehmeren Aufgaben als Mutter gut erfüllen kann. Genau hier muss man Bildung, geistige Leistungen, die das Recht beider Geschlechter darstellen, von der Materie, bzw. dem Geld verdienen für die Frau trennen. Durch kritische Betrachtung ihrer Lebensstruktur hüben und drüben haben wir uns entschlossen, dieses Buch über die Frau zu schreiben und das aus Liebe zu allen Müttern. Das sollte ein Teil unserer Dankbarkeit Gott gegenüber sein für das Glück, das wir gemeinsam in der Ehe genießen, und wir hoffen, dadurch die Gesellschaft auf die wahre Situation des weiblichen Geschlechts aufmerksam zu machen.

Wir haben erkannt, dass die Automation, die sich im Laufe der Jahre in die Beziehung zwischen Mann und Frau einschleicht, den eigentlichen Quell aller Probleme in der Ehe darstellt. Wir haben vergessen, dass die eheliche Verbindung von Mann und Frau erst beide zu Menschen werden läßt, wie dies auch im Alten Testament manifestiert ist. Die Akzeptanz unserer ureigenen Natur, die Gott uns mit auf den Lebensweg gegeben hat, ist der wahre Schlüssel zur Verwirklichung des eigenen Ichs und des eigenen Glücks.

Der Entfremdungsprozeß, der heute voll im Gange ist, funktioniert nach dem Motto: „Steter Tropfen höhlt den Stein." So gesehen wird die Verformung des Individuums zur Normalität manifestiert. Die wahren Indikatoren für diesen Prozeß sind die Unzufriedenheit und das Unglück, was leider statistisch bestätigt wird.

Die Statistiken beweisen, dass das Zusammenleben in einer ehelichen Beziehung zunächst in der Moderne bzw. in den Industriestaaten immer problematischer wird. Gerade im Jahr 2002 hat die Anzahl der Ehescheidungen pro Jahr die 50%-Grenze überschritten und die emanzipatorische Bewegung, die im Grunde genommen die Abschaffung der Fremdbestimmung bedeuten sollte, ist an der Weiblichkeit und den Muttergefühlen der Frau vorbeigezogen, ohne diese elementaren Bedürfnisse des weiblichen

Wesens wahrzunehmen. Die Fremdbestimmung der Weiblichkeit in der Frau leibt und lebt immer noch, indem sie der Frau Ziele vorgibt, die eher mit der Natur des Mannes vereinbar sind. Man legt an sie den männlichen Maßstab an und vernachlässigt bewusst ihre von Gott gegebene Natur.

Dazu trägt der christlich-paulinische Dualismus, der die Welt in Gut und Böse einteilt, nicht unbeträchtlich bei. Was Eva mit Adam gemacht hat, muss fast jede Frau mit Verzicht auf elementare Rechte als Weib und Mutter bis zum heutigen Tag bezahlen. Es hat schon längst eine Flucht von Konvertitinnen zum Islam eingesetzt; das sind allein in Deutschland ca. 200 Frauen pro Jahr - und das unabhängig von einer Heirat mit einem muslimischen Mann.

Dieses Buch soll das Individuum für die erwähnte moderne Entwicklung sensibilisieren, indem es darauf aufmerksam macht, dass diese den Menschen ins Unglück stürzt, da sie an den elementaren Bedürfnissen beider Geschlechter vorbeigeplant worden ist. Außerdem soll sie die Grundstruktur von Mann und Frau nicht deckungsgleich machen, denn in der Vielfalt liegt der Reichtum.

Ihre Autoren

Christa und Dr. Ahmed Ginaidi

I Die Frau im Islam

In diesem Kapitel wird aufgezeigt, welchen Einfluß die natürliche Umgebung und deren Bedingungen nicht nur auf die lebenden Objekte, Pflanzen- und Tierwelt, sondern vielmehr auf den Menschen bis in die tiefste soziale Struktur hinein hat und wie sie die Interaktion nicht nur der Gruppierungen und Sippen sondern auch der einzelnen Individuen bestimmt. Diesen Einfluß diktiert vor allem die Geschlechterrolle. Wie sah dieses Umfeld genauer aus? Albert Hourani beschreibt die natürliche Situation in seinem Buch „Die Geschichte der arabischen Völker".

„Der größere Teil der Arabischen Halbinsel bestand aus Steppengebieten oder Wüste mit Oasen, in denen es genug Wasser gab, um Nahrungsmittel anzubauen. Die Bewohner sprachen arabische Dialekte und unterschieden sich auch in ihrer Lebensweise voneinander. Ein Teil lebte als Nomaden und weidete Herden von Kamelen, Schafen oder Ziegen im Umkreis der spärlichen Wasserstellen in der Wüste. Diese Völker bezeichnet man traditionell als „Beduinen". Daneben gab es seßhafte Bauern, die in den Oasen Getreide anbauten und Palmen pflanzten, und Händler oder Handwerker, die in kleinen Marktflecken lebten. Manche verbanden auch mehrere dieser Lebensweisen miteinander. Das Gleichgewicht zwischen den Nomaden und den seßhaften Gruppen war immer gefährdet. Die beweglichen, bewaffneten Kamelnomaden stellten zwar eine Minderheit der Bevölkerung dar, doch sie erhoben sich ebenso wie die städtischen Kaufleute über die Ackerbauern und Handwerker. Auch ihr Ethos von Mut, Gastfreundschaft, Familienloyalität und Stolz auf die Abstammung dominierte. Die Nomaden standen nicht unter einer stabilen Herrschaft, sondern schlossen sich jeweils Führern aus Familien an, um die sich eine mehr oder weniger beständige Anhängerschaft scharte. Der charakteristische Dialekt der gemeinsamen Herkunft galt als ein Ausdruck für Zusammenhalt und Loyalität. Solche Gruppierungen bezeichnet man üblicherweise als Stämme.

Die Macht der Stammesführer ging oft von Oasen aus, wo sie enge Bindungen zu den Kaufleuten unterhielten, die den Handel im Stammesgebiet organisierten. In diesen Oasen ermöglichte es jedoch die Macht der Religion auch anderen Familien, eine andere Form von Einfluß zu gewinnen. Die Religion der Viehzüchter und Pflanzer scheint keine klaren Formen gehabt zu haben. Man sah in Steinen, Bäumen und anderen natürlichen Gegenständen die Verkörperungen örtlicher Gottheiten, die mit Gestirnen identifiziert wurden. Gute und böse Geister durchzogen die Welt in Gestalt von Tieren; Wahrsager behaupteten, übernatürliche Weisheiten zu verkünden. Aus heutigen religiösen Praktiken in Südarabien schließt man, daß die Götter nach damaliger Vorstellung in einem Heiligtum wohnten, einem haram, einem Bezirk oder einer Siedlung, die von Stammeskonflikten ausgeklammert blieb. Der haram war Ziel von Pilgerreisen und Opferplatz; er war ein Treffpunkt, und dort wurden Streitigkeiten geschlichtet. Diese heilige Stätte wurde von einer Familie behütet, die unter dem Schutz eines benachbarten Stammes stand. Eine solche Familie konnte zu Macht oder Einfluß gelangen, indem sie geschickt ihr religiöses Prestige, ihre Rolle als Schlichterin von Stammesstreitigkeiten und die Gelegenheiten zum Handel nutzte."

Hierin erkennt der verständige Mensch die Vorgehensweise des Allmächtigen und wie er die kleinste soziale Zelle, nämlich das Individuum, durch sein göttliches Werk mitgestaltet hat. Gemeint ist, dass das natürliche Umfeld nicht nur Pflanzen und Tiere zur Anpassung zwingt, sondern erst recht den Menschen. Die Summe dieser einzelnen von der Natur geformten

Menschen bildet gemeinsam die soziale Struktur einer Gesellschaft. Wie diese denkt und handelt ist im Endeffekt die Projektion des individuellen Geistes. Die religiöse Situation, wie man dem Bericht entnimmt, war ein einziges Chaos. Stellt man sich den Mechanismus, der hinter einer jeden religiösen Gruppe herrscht, vor, so war eine gewisse Brutalität in der Vorgehensweise gegen Andersgläubige vorprogrammiert und genau in diesem Umfeld hat der Prophet Mohammed seine Offenbarung empfangen. Kurz darauf machte er dank der empfangenen Glaubenslehre aus diesem Chaotenhaufen innerhalb kürzester Zeit eine Weltmacht.

1. Die Naturgegebenheiten der Wüstenbewohner und deren Einfluß auf die Struktur des sozialen Umfelds von Mann und Frau

Da die islamische Glaubenslehre auf der Halbinsel Arabien entstanden ist und diese bis heute noch aus Wüste besteht, so hat das einen Einfluß auf das Menschenleben und vor allem auf seine der Umwelt angepassten Verhaltensweisen. Wälder und Landwirtschaft sind - abgesehen von den heute künstlich dank der Petrodollar angelegten - Begriffe, die seinerzeit in der arabischen Sprache nicht existent waren, höchstens in der Vorstellung des himmlischen Paradieses.

Die Araber lebten von ihren Tieren. Dies waren hauptsächlich Kamele, die als Transportmittel und kräftige Arbeitstiere dienten, außerdem waren Ziegen und Schafe die Hauptlieferanten der Nahrung und ihre Wolle diente der Herstellung von Stoffen. Das Hauptproblem war für die Bewohner der Wüste das Finden von Weidegebieten und Wasserstellen für sich und die

Tiere. Durch die nächtliche Luftfeuchtigkeit bzw. durch kurzfristige Regengüsse konnten Weidegebiete von sehr kurzer Lebensdauer entstehen. Diese natürlichen Bedingungen führten dazu, dass man beweglich sein musste und genau dieser Sachverhalt ist der Quell des Nomadenlebens. Das Hauptcharakteristikum dieser Lebensform ist die Mobilität.

Das Überleben in der Wüste hing logischerweise vom Finden von Wasserstellen und Weidegebieten für die Tiere ab. Traf man beim Suchen nach Wasser oder grünen Flächen auf einen anderen Stamm, so waren diese Menschen zwangsläufig Feinde und deshalb waren Sippenkriege an der Tagesordnung.

a) Die Rolle der Geschlechter in der vorislamischen Zeit

Diese Situation hat die Rolle von Mann und Frau bestimmt. So war der Mann der Schwertträger, der Sippen- und Ehrenverteidiger. Diese Aufgabe war seine einzige, die er innerhalb seiner Sippe zu erfüllen hatte. Alle anderen Arbeiten waren die Obliegenheiten der Frau. Genauer gesagt musste sie sich um die Tiere, die Sauberkeit innerhalb des Zeltes, die Kindererziehung kümmern und vor allem für männliche Nachkommen sorgen. Klar, die Stärke der Sippe hing von der Anzahl der Krieger ab.

Die erste Frau eines Mannes wurde meistens mit diesen Aufgaben allein nicht fertig und so bat sie ihren Ehemann um Hilfe, d.h. er sollte eine zweite und dritte Frau heiraten, damit die Erledigung der Pflichten für die erste Frau machbar waren. In Wahrheit ging es hier um das Gebären von zukünftigen Kriegern. Hatte eine Sippe einen Krieg verloren, so wurden ihre männlichen Mitglieder umgebracht in Anbetracht der Tatsache, dass sie als Krieger geboren sind und dies eben ihre Selbstbestimmung ist. Die Frauen gingen in die Sklaverei der Siegersippe über. Die Vorstellung für einen Mann, dass die eigene neugeborene Tochter irgendwann einmal durch den Verlust eines Sippenkrieges in die Sklaverei der Gegnersippe fällt, war für ihn so untragbar, dass er das neugeborene Mädchen lieber lebendig begraben hat. Er zeigte damit der ganzen Welt, dass seine Ehre wichtiger ist als sein eigenes Fleisch und Blut. Als Beweis für diese historischen Zusammenhänge werden folgende Verse aus der 16. Sure angeführt: „58 Wenn einem von ihnen die Geburt eines weiblichen Wesens angesagt wird (w. ein weibliches Wesen verkündigt wird), macht er dauernd ein finsteres Gesicht und grollt (dem Schicksal). 59 Dabei hält er sich vor den Leuten verborgen, weil ihm etwas (so) Schlimmes angesagt worden ist, (und überlegt) ob er es trotz der Schande behalten, oder ob er es im Boden verscharren soll. Nein! Wie schlecht urteilen sie doch!"

Dieser Sachverhalt ist in der Tat eine historische Tatsache, fußt also nicht auf irgendwelchen Behauptungen. Der Beweis hierfür sind die koranischen Verse, die das verboten haben (s. oben). Dieser Fakt ist ein elementarer Teil der islamischen Theologie, nämlich „historische Offenbarungsursachen", d.h. wäre das nicht der Fall gewesen, so wären diese geoffenbarten Verse im Heiligen Buch nicht notwendig. Außerdem sind diese Fakten historisch belegt.

Glücklicherweise waren die Frauen die intelligenteren Mitglieder der Nomadengesellschaft, denn sie haben die schwierigen Aufgaben zu bewältigen gehabt. Bei einer Geburt war die Anwesenheit eines Mannes absolut verboten. Die Anwesenden waren meistens weibliche Verwandte der Gebärenden. Sie sorgten dafür, dass im Falle der Geburt eines Mädchens dieses sofort eingewickelt in ein Tuch einer Verwandten übergeben wurde. Dem Vater wurde erzählt, dass das Kind tot geboren wurde. Nur so konnte der Bestand der Sippen dank dieser Handlungsweise des weiblichen Geschlechts erhalten bleiben.

Hat der Vater des neugeborenen Mädchens erfahren, dass seine Frau eine Tochter geboren hat, so hat er dieses Kind öffentlich lebendig begraben, nicht weil er ein Unmensch ist, sondern vielmehr, weil er den Mitmenschen mitteilen will, dass dieses Schicksal für das Kind besser ist, als wenn es später in die Sklaverei einer Gegnersippe fällt. Eine wichtige Bedeutung für die Rolle der Frau ist hieraus abzuleiten. Jedes weibliche Wesen innerhalb der Sippe, ob dieses die eigene Mutter, Tochter, Ehefrau, Schwester oder Tante ist, symbolisierte die Ehre des Mannes und damit seinen größten Schwachpunkt, den es mit dem eigenen Leben zu verteidigen gilt. Das sind die sozialen Mechanismen innerhalb der Sippe einem Fremden gegenüber bzw. die nach außen hin funktioniert haben und sie stellen die tiefsten Wurzeln von ethnischen Verhaltensweisen für fast alle arabische und islamische Länder bis heute dar, nur mit dem Unterschied, dass dank der islamischen Glaubenslehre das neugeborene Mädchen nicht mehr umgebracht wird.

Der Islam hat diese Unsitte sofort verboten. Den Beleg hierfür liefern folgende Koranverse in Sure 81: „8 wenn das Mädchen, das (nach der Geburt) verscharrt worden ist, gefragt wird, 9 wegen was für einer Schuld man es umgebracht hat; ... 14 (wenn all dies geschieht) bekommt einer zu wissen, was er (an Taten zur Abrechnung) beigebracht hat." Diese Handlungsweise musste laut islamischer Glaubenslehre vor Gott vom Vater des Kindes verantwortet werden. Da das Kind absolut keine Schuld trifft, so darf dieses Töten nicht sein.

Dieser Schritt, den der Islam für die Situation der Frau getan hat, war rein theologisch ein einzigartiges Beispiel, wenn man ihn mit den beiden anderen abrahamischen Religionen, Judentum und Christentum, vergleicht. Mit anderen Worten kann man sagen, dass der Islam die erste abrahamische Religion ist, die das heiße Eisen „Die Situation der Frau" tiefgreifend angefasst hat. Sie hat für die Frau Partei ergriffen. Diese oben beschriebene Konstellation war eine ethnische Angelegenheit, d.h. sie galt über alle religiöse Grenzen hinweg. Man muss aber an dieser Stelle bedenken, dass das Eingreifen aus islamischer Seite ein sehr hohes Risiko für diese Glaubenslehre bedeutet hat. Eine solche elementare ethnische Gewohnheit abzuschaffen ist ein sehr tiefgreifender Einschnitt für jede Ideologie und hätte genauso gut das Ende des Islam sein können. Hierin liegt ein Stück Beweis für das Göttliche dieser Glaubenslehre. Zieht man Analogien für die Änderung der ethnischen Verhaltensweisen, z.B. das Christentum in Südamerika durch die Spanier, so stellt man fest, dass viele ethnische Verhaltensweisen, die vorchristlich da waren, über Nacht für christlich erklärt worden sind, auch in Europa. Man denke nur an den Weihnachtsbaum oder die Osterbräuche, von denen Jesus nichts wusste.

Dass das harte Umfeld der vorislamischen Beduinen sich auf das Wesen des Menschen projiziert, liegt klar auf der Hand. Allein die optische Wirkung der Wüste auf den Menschen mit ihrer grenzenlosen Weite beeinflusst das individuelle Bild eines jeden vernünftigen Wesens so, dass es sich vernichtend winzig gegenüber dieser Natur vorkommt. Genau dieser Effekt, den meine Frau und ich als Autoren dieses Buches mit unseren

Kindern auf der Sinai-Halbinsel am eigenen Leibe erlebt haben, hat zu sehr tiefsinnigen theologischen Diskussionen zwischen mir und meiner Frau geführt. Uns wurde klar, dass die innerliche Vorbereitung des Menschen auf die Auserwählung durch Gott durch ein solches Umfeld bereits vollzogen ist. Hier ist die Erklärung dafür, warum alle Propheten des Alten Testaments und die Gesandten Gottes ausgerechnet aus diesen Breiten hervorgegangen sind.

Diese individuelle Wirkung auf die Menschen ist natürlich zweischneidig. Man taucht in sich geistig und bewusst, um dieses eigene Ich in diesem Komplex zu lokalisieren. Dass genau hier die Frage nach dem Schöpfer mit allen Folgen auftaucht, ist bezeichnend für den geistreichen Menschen. Die andere Seite der Medaille erkennt der andere, der in sich instabil ist. Gerade hier erfährt dieser seine Nichtigkeit in diesem von Gott gegebenen Komplex im wahrsten Sinne des Wortes. Dieser Prozeß führt bei der überwiegenden Mehrheit der Wüstenbewohner und gerade beim männlichen Geschlecht zu Ersatzhandlungen, mit deren Hilfe man der ganzen Welt mitteilen will, man ist nicht nur ein Mann, sondern man symbolisiert die Männlichkeit in seiner Handlungsweise. In Wahrheit ist das die Reaktion des Mannes auf die Erkenntnis seiner eigenen Kreatürlichkeit.

Die Frau war im Grunde genommen nie mit sich selbst und dieser Umwelt allein gelassen, denn sie war entweder mit den Kindern oder mit den Tieren, die sie zu bewachen hatte, laufend beschäftigt. Außerdem war sie innerlich so beruhigt, weil die Sicherheit ihr vom Ehemann bzw. von den Männern der Sippe garantiert wurde.

Die vorislamische Zeit bezeichnete man mit der Zeit der Unwissenheit mit „Djahiliyya". Diese vorislamische Epoche war nicht nur mit mangelndem Wissen apostrophiert, sondern vor allem mit Brutalität. An dieser Stelle möchten wir behaupten, dass der Mensch von Natur aus ein neutrales Wesen ist, bis die Umstände, gleichgültig, aus welcher Stelle sie stammen, ihn entsprechend formen. Im Gegenteil, der Mensch auf der Arabischen Halbinsel in dieser Zeit musste diese negativen Eigenschaften annehmen, um überleben zu können.

b) Die Situation der Frau in der Zeit der Dschahiliyya auf der Arabischen Halbinsel

Die Überschrift dieses Kapitels erwähnt bewusst die Situation der Frau auf der Arabischen Halbinsel. Damit sind nicht nur muslimische Frauen gemeint, sondern auch Jüdinnen und Christinnen. Es handelt sich also hier mehr oder weniger um ethnische Traditionen, die über die religiösen Grenzen hinweg die Situation der Frau bestimmt haben. Der Filiazid, das Töten der Mädchen, hat dazu geführt, dass die Anzahl der Frauen reduziert wurde und dieser Sachverhalt erhöhte den Wert der Frau erheblich. Das Recht des Cousins auf seine Cousine wurde sogar gegen Kamele oder Geld verkauft.

Die Hochzeit wurde in der damaligen Zeit nicht zwischen zwei Individuen geschlossen, sondern vielmehr zwischen zwei Familien innerhalb der Sippe oder zwischen zwei Sippen festgesetzt. Das bedeutete für die Frau, dass sie die Rolle einer Botschafterin der eigenen Familie bzw. Sippe, von der sie stammte, innerhalb der Familie oder Sippe ihres Mannes übernommen hat. Sie musste im Umgang mit ihrem eigenen Ehemann den Ruf ihrer Abstammung sich immer wieder vor Augen halten, was man bis jetzt immer noch in den arabischen und islamischen Ländern beobachten kann: Wenn sie von den Angehörigen ihres Mannes gelobt wird, dann lautet die standardmäßige Antwort von ihr: „Ich bin auch die Tochter von... (Sippennamen)." Der Mann betrachtete auch die Frau nicht als ein selbständiges Individuum, sondern viel mehr als Vertreterin ihrer Abstammung. Im Falle einer Auseinandersetzung - und das gilt bis heute noch und das nicht nur für Musliminnen, sondern auch für Jüdinnen und Christinnen -, geht die Frau zu ihren Angehörigen zurück. In diesem Fall wird die Rechtsfrage zwischen den beiden Familien bzw. Sippen geklärt. Genau an dieser Stelle sind die Eltern der Frau, falls sie noch leben, bzw. ihre Brüder verpflichtet, auf die Meinung ihrer Tochter bzw. Schwester zu hören und dieser bei ihren Entscheidungen die absolute Priorität zu geben, was leider nicht immer der Fall ist.

Stammte die Frau aus einer verarmten Sippe, so war sie ihrem Manne und seinen Verwandten hoffnungslos ausgeliefert. Sie wurde verheiratet, ohne nach ihrer Meinung gefragt zu werden. Der Hauptakteur beim Prozeß der Verheiratung ist der Vater gewesen. War dieser gestorben, so hat man innerhalb der Sippe an seine Stelle einen Beauftragten „Wali", der diese Angelegenheit in die Hand nahm, gesetzt. Dieser war meistens ein Verwandter der Frau.

Gefährlich in solchen Situationen war und das nicht nur im Falle eines Beauftragten, dass oft andere Interessen bei der Heirat im Spiel waren. Hier war das zu verheiratende Mädchen ein Mittel zum Zweck, was auch in Europa der Fall war und zum Teil bis heute noch der Fall ist, gerade wenn es um die Vergrößerung eines Geschäfts bzw. eines Grundstücks bei der Landwirtschaft in manchen Gegenden geht.

Bei polygamen Ehen sollte ein Mann nicht zugleich mit Mutter und Tochter verheiratet sein. Auch die Heirat von zwei Schwestern war unüblich, es sei denn, der Mann der Schwägerin war gestorben und es gab keine andere Lösung, d.h. wenn der Verstorbene Kinder hatte und es aus diesem Grund schwierig war, seine Frau wieder zu verheiraten. In diesem Falle hat das Blut die absolute Priorität. Hier ist gemeint, dass die Kinder des Verstorbenen lieber bei ihrem Onkel als Stiefvater aufwachsen sollen als bei einem Fremden, der sie eventuell schlecht behandelt. All diese Regeln, die sich im Islam teilweise noch verschärft haben, wurden bei Blutsverwandten beachtet, aber auch bei Milchverwandtschaft (durch Ammen) und bei Adoptivverhältnissen. Im Gegensatz zur späteren islamischen Zeit gab es keine Begrenzung der Polygamie. Mit wie vielen Frauen ein Mann gleichzeitig verheiratet war, hing ausschließlich von seinen finanziellen Möglichkeiten ab. Eine zahlenmäßige Begrenzung gab es nicht. Dass sich durch diese Praxis die ohnehin existierende Frauenknappheit noch verschärfte, liegt auf der Hand.

Die Frau galt als Meßlatte für Güte und Qualität in der Zeit des Propheten, was durch folgenden Hadith bewiesen wird: „Sahl berichtete: "Ein Mann ging an dem Gesandten Gottes, Gottes Segen und Friede auf ihm, vorbei. Der Prophet fragte die Anwesenden: »Was haltet ihr von diesem Mann?« Die Leute sagten: »Er ist eher der Mann, dem - wenn er um die Hand einer Frau bittet - die Frau zur Ehe gegeben wird, und wenn er für jemanden spricht, von ihm die Fürsprache angenommen wird, und wenn er spricht, wird man ihm gern zuhören!« ..." (Bu). [SUN:321]

Im Falle einer Heirat waren außerdem die Angehörigen der Frau darauf bedacht, dass die eigene Tochter oder Schwester bei ihrem Ehemann sozial gut abgesichert ist. Diese Tradition existiert in vielen arabischen Ländern bis jetzt noch, wie der Autor selbst das mit seinen eigenen Schwestern miterlebt hat. Wenn ein Mann sich für ein Mädchen interessiert, und genau so war es bei meiner ältesten Schwester, so kam ein Nachbar, der diesen jungen Mann kannte und mit meinem Vater befreundet war, zu uns. Er erzählte ihm von einem jungen Mann, den wir alle nicht kannten, der sich für meine Schwester interessierte. Es wurde ein Termin vereinbart, an dem der Freier mit seiner Familie zu uns nach Hause kommt, damit meine Schwester ihn auch sehen kann, denn eine andere Möglichkeit, ihn kennen zu lernen, gab es für sie nicht.

Nach diesem ersten Besuch haben meine Eltern die betroffene Schwester klar und deutlich gefragt, ob ihr der junge Mann gefällt oder ob sie die Sache abblasen sollten. Danach wurde ich als ihr ältester Bruder sowie die anderen Geschwister nach ihrer Meinung über den Mann befragt. Nach unserer aller Zustimmung, vor allem der der betroffenen Schwester, gab es grünes Licht für weitere Verhandlungen bezüglich der Heirat. Nach der Verlobung musste ich als ältester Bruder, wenn die beiden miteinander ausgehen wollten, als Beauftragter meiner Eltern immer mit dabei sein. Der Hintergrund dafür war, dass ja kein sexueller Kontakt vor der Hochzeitsnacht stattfinden sollte. Da ich davon überzeugt war, dass meine anständige Schwester so etwas niemals zulassen würde, nahm ich gern Bestechungsgeld von ihrem Verlobten an, damit er allein mit ihr spazieren gehen konnte, und ging damit ins Kino. Das Höchste, was ich zwischen beiden beobachtet habe, war, ohne dass sie das mitbekommen haben, ein Küsschen, was ich ihnen gern gegönnt habe.

c) Die Situation der Frau aus islamischer und christlich-theologischer Sicht

In diesem Kapitel sollen die Änderungen in der Situation der Frau durch die islamische Glaubenslehre, die die bisherige oben beschriebene Lage des weiblichen Geschlechts angetroffen hat, geschildert werden. Außerdem sollte die Parallele dazu, d.h. die Situation der Frau im Christentum, erörtert werden. Angesichts der Tatsache, dass die aktuelle Situation beider Geschlechter das Endprodukt ihres historischen theologischen Werdeganges darstellt bedeutet dies eine Festlegung der psychischen Struktur beider, die immer im Bereich des Unbewussten die Verhaltensweise beider primär gegeneinander mitbestimmt. Deshalb ist es notwendig, auf diese Entwicklung in diesem Kapitel einzugehen. An dieser Stelle muss erwähnt werden, dass meine Frau und ich sehr wohl zwischen der wahren Christenlehre, die Jesus mitgebracht hat, und dem, was der Mensch in seinem Namen artikuliert hat, unterscheiden können.

Geht man von den heutigen Gegebenheiten aus, so stellt man fest, dass zahlreiche Veröffentlichungen und Publikationen in den Medien das Verhältnis von Islam und Frau mit den Aussagen in Koran und Sunna über die Familie und die Position der muslimischen Frau in der arabischen Gesellschaft diskutieren. Dass natürlich meistens bei solchen Veröffentlichungen, die seltener von Frauen geschrieben worden sind, sondern vielmehr von Männern sowohl im Islam als auch im Christentum, irgendwo Wunschdenken von Männern mit hineinfließt, ist anzunehmen. Man weiß, dass bei der Auslegung eines jeden Heiligen Buches, sei es die Thora, die Bibel, der Koran..., bewusst oder unbewusst die ureigene Einstellung des Auslegers mit hineinfließt.

Mir persönlich ist diese Angelegenheit extrem wichtig und heilig. Deshalb versuche ich, meine muslimische Frau als Korrektiv mit einzubeziehen. Dazu bin ich Gott gegenüber, seinen Gesandten Abraham, Moses, Jesus und Mohammed, der Sunna, der islamischen Tradition und meinem Gewissen gegenüber verpflichtet in Anbetracht der Tatsache, dass es n i c h t im Sinne einer Offenbarung Gottes ist, Frau oder Mann in ihrer oder seiner geistigen oder sozialen Entwicklung zu bremsen.

Zu den Problemthemen in der arabisch-islamischen Gesellschaft, die in der islamischen Welt in zahlreichen Veröffentlichungen und Publikationen oft untersucht, viel diskutiert und unzählige Male beschrieben wurden, gehört das Verhältnis von Islam und Frau mit den Aussagen in Koran und Sunna über die Familie und die Position der muslimischen Frau in der islamischen Gesellschaft, wobei solche Gesellschaften z.B. arabische, türkische, indonesische, afghanische..., ganz unabhängig von der islamischen Glaubenslehre ihre eigenen ethnischen und kulturellen Verhaltensweisen haben, die älter als die islamische Glaubenslehre sind. Hierin liegt der Quell der Probleme für das Individuum in der Unterscheidung, ob eine Verhaltensweise ethnisch oder religiös bedingt ist. Ein Imam oder ein religiös Verantwortlicher wird kaum zugeben, dass er genau hier eine Wissensunsicherheit hat. Er überprüft unbewusst, ob seine Antwort für die Herrschaft des Mannes über die Frau besser ist oder nicht. Bekräftigt sie die Situation des Mannes oder schwächt sie die Situation der Frau, so ist die Antwort, auch wenn sie ethnisch bedingt ist, islamisch bedingt. Wie und wo das islamisch manifestiert ist, danach fragt kein Mensch, sonst würde das implizieren, dass die Glaubwürdigkeit des Imams in Frage gestellt wird.

Bevor Gott sich uns geoffenbart hat über seine Gesandten Abraham, Moses, die Propheten des Alten Testaments, Jesus und Mohammed s.a.s. (Gottes Frieden auf ihm) schenkte er uns Menschen das Höchste, was uns Gott ähnlich macht, nämlich die Vernunft und den menschlichen Geist. Der Begriff der Gottähnlichkeit des Menschen bezieht sich hier nicht auf das Äußerliche, sondern vielmehr auf die folgende Parallele:

Gott ist der Schöpfer aller Dinge, d.h. dessen, was wir bisher kennen, und dessen, was viel mehr darstellt, wovon wir noch keine Ahnung haben. Dank des göttlichen Geschenks der Vernunft, die er uns verlieh, sind wir als Menschen die einzigen Kreaturen, die etwas herstellen können, was die Natur bis jetzt noch nicht hervorgebracht hat. Allerdings liegt der Mensch mit dem, was er geschaffen hat, absolut in Gottes Hand. Von diesem Bewusstsein aus sollten Gottes Offenbarungen verstanden und auf die Zukunft interpoliert werden. Gehe ich prinzipiell von der Kindestötung als einer alten vorislamischen Tradition aus, so wird alles andere, was der Koran in bezug auf die Situation der Frau geoffenbart hat, ein gewaltiger Fortschritt.

In der Interpolation dessen, was die islamische Offenbarung bezüglich der Frau gemeint hat, haben wir in der islamischen Theologie eine Menge Werkzeuge, was das Verständnis der heiligen Sätze bezüglich des Themas der Frau betrifft. Als exemplarische Beispiele sollen die Sunna des Propheten, d.h. wie er die koranischen Verse in seinem sozialen Umfeld angewandt hat oder die Auslegung der vier Rechtsschulen bzw. der Qias, d.h. der Analogieschluß zu parallelen Situationen und wie man das verstanden hat, erwähnt werden.

Ein sehr wichtiger Punkt in der islamischen Sichtweise der Frau ist, dass Eva bei der Vertreibung Adams aus dem Paradies nicht die Schuldige war, sondern der Satan beide dazu verführt hat, vom Baum der Erkenntnis zu essen. Hierin liegt ein elementarer Unterschied zur paulinischen Sichtweise, bei der Eva in Wahrheit die Rolle des Satans übernommen hat. Diese Aussage hat sich leider durch die Taten der Kirche gegen die Frau historisch beweisen lassen.

Folgende Koranverse sollen ein Beweis für diese Aussage sein. „115 Und wir hatten doch früher Adam verpflichtet (dem verbotenen Baum fernzubleiben und nicht auf den Satan zu hören). Aber er vergaß (wozu er verpflichtet war). Und wir fanden bei ihm keine Entschlossenheit (den rechten Weg einzuhalten). 116 Und (damals) als wir zu den Engeln sagten: 'Werft euch vor Adam nieder!' Da warfen sie sich (alle) nieder, außer Iblis. Der weigerte sich. 117 Da sagten wir: 'Adam! Der da ist dir und deiner Gattin ein Feind. Dass er euch nur nicht aus dem Paradies vertreibt, so dass du unglücklich wirst! 118 Du brauchst darin weder zu hungern noch (aus Mangel an Bekleidung) zu frieren (w. nackt zu sein), 119 weder zu dürsten noch unter der Sonnenhitze zu leiden.' 120 Aber da flüsterte der Satan ihm (böse Gedanken) ein. Er sagte: 'Adam! Soll ich dich zum Baum der Unsterblichkeit (w. Ewigkeit) und einer Herrschaft (oder: und zu einer Herrschaft?), die nicht hinfällig wird, weisen?' 121 Und sie aßen (beide) davon. Da wurde ihnen ihre Scham (w. Schlechtigkeit) kund, und sie begannen, Blätter (von den Bäumen) des Paradieses über sich zusammenzuheften. Adam war gegen seinen Herrn widerspenstig. Und so irrte er (vom rechten Weg) ab."(Sure 20, 115-121)

Iblis ist die arabische Bezeichnung für Satan bzw. den Teufel. Mit diesen Aussagen ist Eva, die Stellvertreterin für das weibliche Geschlecht, entlastet. Dieser Tatbestand war in der christlichen Welt in umgekehrter Weise der Quell für die Verurteilung der Frau. Sie war ein Symbol des Bösen, man denke an die Zeiten der Inquisition und Hexenverbrennungen. Die islamische Welt kennt Gott sei Dank in ihrer Geschichte solche historischen Abschnitte in Zusammenhang mit der Frau nicht. Interessanterweise beweist die Stelle in Vers 115 „Aber er vergaß (wozu er verpflichtet war)", dass der Urvater aller Männer doch eine Schwäche hat, zumindest hier war er vergesslich. Wenn ich persönlich an mich denke und gerade, was das Gedächtnis anbetrifft, so wäre ich ohne meine Frau völlig aufgeschmissen. Hierin sehe ich ein exemplarisches Beispiel für die weibliche Ergänzung des Mannes und dass dies gottgewollt ist, ist koranisch manifestiert.

Das Pendant in der christlichen Theologie hierzu ist eine ungeheure unbewusste seelische Belastung für jede christliche Frau, die sich an ihrem Glauben festhalten will. In Gen 3, 17 heißt es: „Und zu Adam sprach er: Dieweil du hast gehorcht der Stimme deines Weibes und hast gegessen von dem Baum, davon ich dir gebot und sprach: Du sollst nicht davon essen, verflucht sei der Acker um deinetwillen, mit Kummer sollst du dich darauf nähren dein Leben lang." Dass die Schlange Eva dazu verführt hat, vergisst man sehr gern. So gesehen ist die Frau die Quelle des Unglücks im Leben eines Mannes.

Ihre Verführung Adams, vom Baum der Erkenntnis zu essen, wurde leider später, wohlgemerkt von Männern, als der Kernpunkt der Wollust ausgelegt, nämlich im berühmten „Hexenhammer", der natürlich von zwei Männern verfasst wurde. 1479 ernannte Papst Innozenz III. die beiden

Dominikaner Heinrich Krämer und Jacob Sprenger als Inquisitoren für Deutschland und die Rheingegend. Beide hatten ihr Leben der Kirche verschrieben und widmeten sich insbesondere der Verfolgung von Hexen, außerdem waren sie von der Wahnvorstellung besessen, dass die Hexensekte sich ohne ihr Zutun in rasender Geschwindigkeit über Deutschland ausbreiten würde. So wurde die vollständige Ausrottung der gefährlichen und durchtriebenen Hexensekte zu ihrem erklärten Ziel. Um ihren Kollegen praktische Anweisungen zur Hexenverfolgung zu geben, veröffentlichten die beiden 1487 den berüchtigten Hexenhammer (Malleus Maleficarum). Als Vorbild diente dabei vermutlich das 1358 von Nicolaus Eymericus (1320-1399) zur Ketzerverfolgung verfasste Directorium Inquisitorum. Der Hexenhammer ist das bekannteste, aber bei weitem nicht das einzige Schriftstück, das sich mit dem Thema der Hexerei beschäftigte. 1581 erschien ein Buch in deutscher Sprache mit der Überschrift „Vom ausgelassenen wütigen Teufelsheer", 1598 folgte „Von den Bekenntnissen der Zauberer und Hexen" um nur zwei Titel zu nennen (der Hexenhammer selbst wurde erst 1906 ins Deutsche übersetzt).

Besonderes Augenmerk richten die beiden Dominikaner auf die Begründung, warum man nach den Hexen hauptsächlich unter den Frauen zu suchen habe. Scheinbar logisch führen sie aus, dass das weibliche Geschlecht von einer unersättlichen Wollust befallen sei und alles beim Weib aus fleischlicher Begierde geschehe, weshalb es mit den Dämonen Unzucht treibe, um sein Verlangen zu befriedigen (vergleiche Teufelsbuhlschaft). Des weiteren leiten sie den lateinischen Begriff „femina" von fe (fides = Glaube) und minus (= weniger) ab, was sie zu der Schlussfolgerung kommen lässt, dass das Weib als weniger gläubiges Wesen leichter vom Teufel zu verführen sei. Und schließlich zitierten sie die Bibel, um zu belegen, dass die Frau, da sie aus einem mangelhaften Körperteil Adams (gekrümmte Brustrippe) geschaffen wurde, unvollkommen und dem Mann unterlegen sei. So war durch die Urmutter Eva die Sünde erst in die Welt gekommen und folglich war die Frau verantwortlich für alles Schlechte auf Erden. Dies erklärt auch warum im Titel die weibliche Form maleficarum (im Gegensatz zum männlichen maleficorum) verwendet wird. Das Werk schließt die Verführung von Männern zu Hexenmeistern allerdings auch nicht aus. Bemerkenswert ist, dass der Ketzerhammer (Malleus haereticorum) aus dem 13. Jahrhundert, das Directorium Inquisitorum aus dem 14. Jahrhundert und der Judenhammer (Malleus iodeorum) aus dem 15. Jahrhundert alle mit der männlichen Form bezeichnet sind, was nochmals den besonderen Frauenhass, mit dem der Hexenhammer geschrieben wurde, belegt.

Schlägt man im Brockhaus nach dem Begriff „Erbsünde" im Christentum nach, so findet man folgendes: „nach christlicher Lehre die durch den Sündenfall der ersten Menschen (Adam und Eva) bewirkte Sündhaftigkeit des Menschengeschlechts. Nach *katholischer Glaubenslehre* besteht diese in dem Mangel der heilig machenden Gnade. Durch die Taufe wird dieser Mangel aufgehoben, nicht jedoch die Folgen der Erbsünde, Tod und sinnliche Begierde. Nach *evangelischer Auffassung* wird die Erbsünde nicht durch die Taufe getilgt, sondern ist als Hang zur Sünde (Konkupiszenz) in jedem Menschen wirksam, Ursprung der aktuellen Sünden und echte Schuld."

Dass dieser Begriff der Sünde nach der oben gegebenen „Männerdefinition" den Menschen von Gott gegeben worden ist, scheint ihnen nicht bekannt zu sein und dass Gott damit die Arterhaltung verbunden hat, zeugt von einer unendlichen Weisheit des Schöpfers. Dass diese Eigenschaft des Menschen, „Sünde", mit Hilfe der religiösen Ethik koordiniert werden sollte, hat man nicht bewusst wahrgenommen. Christlich gesehen hat man einen negativen Bereich gefunden, dessen Name „Erbsünde" ist, dessen Herrscher die Frau ist. So gesehen dürfte mit der unbewussten Erlaubnis der Kirche jeder Mann mit der Frau machen, was er wollte und das ausgerechnet in einer Religion, in der das Grundprinzip der Nächstenliebe erstmalig der Menschheit geoffenbart worden ist! Die bisher von meiner Frau und mir als Muslime zitierten negativen historischen Tatsachen haben mit dem Christentum und mit Christus erst recht nichts zu tun. Das müssen wir an dieser Stelle deutlich erklären um Missverständnissen vorzubeugen. Für unser Verständnis ist das ein Missbrauch der Offenbarung Gottes von Männern, die sich unbedingt über die Frau stellen wollten. Die Parallele dazu haben wir leider bis heute noch im Islam, glücklicherweise jedoch nicht mit dieser Intensität.

Denkt man an den 30-jährigen Krieg in Europa von 1618-1648, also 126 Jahre nach Beendigung des Goldenen Zeitalters der Mauren auf der Iberischen Halbinsel, so setzte danach ein Identitätsfindungsprozeß der katholischen Kirche ein. Alles Jüdische und Islamische war absolut verboten und damit begann in Wahrheit diese Phase auf Kosten der Frau. Folgender Katalog mit den wichtigsten Daten über die rechtliche Situation der Frau in Europa stellt eine Parallele für die Herrschaft des Mannes über die Frau in der vorislamischen Zeit in der Zeit vor dem 7. Jahrhundert dar, die dank der islamischen Glaubenslehre fast gänzlich abgeschafft worden wäre, wenn der Mann nicht versucht hätte, die islamischen Gebote in manchen Punkten durch bewusste Fehlinterpretationen für sich auszulegen.

• Vom 14. bis 18. Jahrhundert wurden die Frauen oft wegen der Hexerei zum Tode verurteilt, und nach einer Schätzung wurden einhunderttausend Frauen lebendigen Leibes verbrannt.

• Zu der Zahl der bei Hexenverbrennungen ums Leben gekommenen Frauen kommt noch eine Dunkelziffer jener hinzu, die ihr Leben während der Untersuchungshaft verloren, durch welche ermittelt werden sollte, ob eine Frau sich tatsächlich der Hexerei schuldig gemacht hat oder nicht.

• Im 16. Jahrhundert genügte es für den Mann seine Frau der Unzucht zu bezichtigen und sie nur auf Grund seiner Beschuldigung und selbst beim Fehlen jeglicher Beweise zum Tode verurteilen zu lassen. - Vergleichen wir diese Situation im 16. Jh. mit der Lehre des Islams im 7. Jh.. Nach der Lehre des Islams ist nicht nur der Mann berechtigt, die Frau zu bezichtigen, sondern auch die Frau darf es. Wenn eine Partei die andere eines Fehltritts anklagt und die angeklagte Partei den Vorwurf ebenso heftig von sich weist und abstreitet, dann darf sie nicht weiter belangt werden.

• Die Frau wurde im christlichen Abendland als Eigentum des Mannes betrachtet. Sie durfte nicht als Zeugin auftreten.

• Bis 1891 hatte die Frau in England, Deutschland, Skandinavien, den USA, usw. überhaupt kein Verfügungsrecht über das Vermögen ihres Mannes. Sie hatte auch kein Stimmrecht.

• Nach französischem Recht wurden bis zum 19.Jh. einer geschiedenen Frau die Kinder nicht zugesprochen.

• Im 19. Jh. durften sich Frauen in England nicht scheiden lassen.

- Einerseits wurde der Frau bloß aufgrund der Bezichtigung durch den Mann auf Ehebruch schwerste Strafe auferlegt, andererseits war es dem Mann gestattet, neben der Ehefrau mehrere Frauen als Konkubinen im Haus zu halten. Dies ist heute übrigens auch noch üblich, allerdings auf eine andere Weise, nämlich als Geliebte.

- Auch war den Frauen bis Ende des 19. Jh. untersagt, sich akademisch zu betätigen. Dies wurde so weit getrieben, dass manche Schriftstellerinnen jener Epoche sich einen männlichen Schriftstellernamen zulegten, wie zum Beispiel Mary Ann Evans (22.11.1819 - 22.12.80), die als George Eliot bekannt wurde. Viele Leute wissen nicht, dass es sich bei der Trägerin dieses Namens um eine Frau handelte, die nicht als solche in der Öffentlichkeit auftreten durfte.

- Erstmals im Jahre 1866 wurden die Mädchen durch die Examensbehörde von Cambridge zu den Prüfungen zugelassen.

- Erstmals 1882 wurde der Frau in Europa das Recht zugestanden, Vermögen im eigenen Namen zu besitzen.

- Vor 1890 hatte die Frau überhaupt keinen Anspruch auf den Besitz ihres Mannes.

- Vor 1920 fand keine Frau Aufnahme an der Oxford-Universität.

- Vor 1944 war den verheirateten Frauen der Lehrerberuf untersagt.

• Vor 1966 hatte die Frau in England keinen gesetzlichen Anspruch auf ein Obdach bei ihrem Mann.

Es gibt Männer, die sich und ihre Männlichkeit überschätzen und das ist ein Beweis von mangelnder Demut und der Existenz von Unzufriedenheit, denn die Erkennung der wahren Fähigkeiten, die man hat, ist eine wichtige Voraussetzung sowohl für eine klare Beziehung zum Allmächtigen als auch für einen freien Weg zum eigenen Glück.

Ein grundlegendes Prinzip in der islamischen Glaubenslehre ist die Gleichheit aller Menschen vor Gott. Nicht umsonst kennt der Islam keine Kirche oder eine ähnliche Organisation und demzufolge erst recht keinen kirchlichen Amtsinhaber, der meint, bei Gott besser angesehen zu sein als der Rest der Menschheit. Das Individuum braucht innerhalb der islamischen Glaubenslehre keinen Mittler zu Gott. Dieses Recht ist ein Privileg für jeden Muslim in Anbetracht der Tatsache, dass Gott alles sieht und jede Tat der Kreatur kennt, bevor sie überhaupt geschieht. Das Fundament dieser Aussage ist islamisch im Koran im folgenden Vers der 49. Sure verankert: „13 Ihr Menschen! Wir haben euch geschaffen (indem wir euch) von einem männlichen und einem weiblichen Wesen (abstammen ließen), und wir haben euch zu Verbänden und Stämmen gemacht, damit ihr euch (auf Grund der genealogischen Verhältnisse) untereinander kennt. (Bildet euch aber auf eure vornehme Abstammung nicht zu viel ein!) Als der Vornehmste gilt bei Gott derjenige von euch, der am frömmsten ist. Gott weiß Bescheid und ist (über alles) wohl unterrichtet."

Beliebte Verse bei den Männern, die sich unbedingt über die Frau stellen wollen, sind Sure 4, Vers 34, wo es heißt: „Die Männer stehen über den

Frauen, weil Gott sie (von Natur vor diesen) ausgezeichnet hat und wegen der Ausgaben, die sie von ihrem Vermögen (als Morgengabe für die Frauen?) gemacht haben. Und die rechtschaffenen Frauen sind (Gott) demütig ergeben und geben acht auf das, was (den Außenstehenden) verborgen ist, weil Gott (darauf) acht gibt (d.h. weil Gott darum besorgt ist, dass es nicht an die Öffentlichkeit kommt)..." und Sure 2, Vers 228: „...Und die Männer stehen (bei alledem) eine Stufe über ihnen. Gott ist mächtig und weise."

Wenn Adel Th. Khoury den Anfang mit „Die Männer haben Vollmacht und Verantwortung für die Frauen" auslegt, so ist das eine modernere Interpretation. Aber eine emanzipierte heutige Frau wird wohl immer Vollmacht und Verantwortung für sich selbst übernehmen, sich nicht als „Mündel" eines Mannes fühlen wollen. Islamische Reformtheologen seit etwa 1900 deuten die hier formulierte Überlegenheit des Mannes als seine größeren Körperkräfte. Jedenfalls wird die Hegemonie des Mannes hier einmal als gottgegeben, zum anderen als ökonomisch bedingt charakterisiert. Das letztere ist sicher bis heute nahezu weltweit Realität.

Diese Auslegung ist unserer Meinung nach sehr oberflächlich und entspricht nicht der islamischen Grundstruktur. Als ein Beispiel für die Erklärung des islamischen Grundprinzips gilt das Folgende. Hiermit meine ich die Vererbung nach den islamischen Grundsätzen. Dort erhält der Mann doppelt so viel wie seine Schwester, was auf den ersten Blick sehr ungerecht erscheint. Dass dieser Mann für seine Schwester, wenn diese in Not gerät oder von ihrem Ehemann geschieden wird, und deren Kinder materiell aufkommen muss, ohne sie nach ihrem Erbteil zu fragen, ist eine islamische Pflicht. Diese Art und Weise der islamischen Gesetzgebung verbindet die Menschen miteinander. Hierin liegt natürlich eine sehr große Weisheit, nämlich die Erhaltung des Gemeinschaftlichen im Wesen des

Menschen, was eine von Gott den Menschen gegebene Eigenschaft der menschlichen Rasse darstellt.

Wende ich dieses Prinzip auf die oben erwähnten Verse an, so ist der Mann eindeutig von Gott aus mit mehr Muskelkraft ausgestattet und eventuell anderen Eigenschaften, weswegen er über die Frau gestellt wird, aber diese Aussage Gottes verpflichtet ihn, soweit er gottesfürchtig ist, die ihn privilegierenden Eigenschaften der Frau zur Verfügung zu stellen. Kann man sich eine schwangere Frau vorstellen, die etwas Schweres heben soll? Für sie bedeutet das den Verlust des ungeborenen Kindes. So gesehen haben wir es hier mit einer sehr sinnvollen Spezialisierung zu tun. Die Belohnung dieser Fraueneigenschaft, wenn man sie auf die gleiche Ebene wie die Muskelkraft des Mannes stellt, wobei das gegenüber der Frau äußerst unfair wäre, wurde historisch und wird bis heute nicht zur Kenntnis genommen geschweige denn honoriert wie die Muskelkraft des Mannes, mit der er immer wieder versucht, sich über die Frau zu stellen.

Damit trägt dieser Vers des Allmächtigen zu einer festeren Bindung zwischen Mann und Frau bei. Jedermann weiß, dass das Zärtliche an der Frau, ob das im Bereich der Optik, d.h. in ihrem Aussehen oder in ihrer Art und Weise, auf die Männer sehr anziehend wirkt. Analog dazu liefert der Mann, der „über" der Frau steht, mehr Geborgenheit für sie, wobei der Begriff „über" nicht den Wert beinhaltet, sondern sich als Schutz für sie darstellt. Es ist beleidigend für Gottes Worte, sie wortwörtlich bzw. naiv auszulegen. Hier ist jeder Mensch verpflichtet, das Höchste an geistiger Energie einzusetzen, um Gottes Offenbarung zu begreifen. Ist er von Natur aus nicht mit dieser Fähigkeit ausgestattet, so hat er das Menschenmögliche aus seiner Sicht erfüllt und Gott allein kennt die wahre Intention.

Beide Verse wurden in den Korankommentaren jahrhundertelang mit denselben Phänomenen begründet, die sich in den Strafregistern für die ungehorsame Eva finden, mit Menstruation und Wochenbettbeschwerden, mit den für die Frau ungünstigeren Bestimmungen zum Islamischen Familienrecht und Erscheinungsformen der Geschlechterrollen, etwa dass es keine Prophetin und keine Sultanin gebe (bis es vom 13. Jahrhundert an vereinzelt Herrscherinnen gab) und eine Frau keinen Turban tragen dürfe.

Erst der Koran gesteht der Frau, vorislamische Bräuche reformierend, und anders als das jüdische Familienrecht, ein generelles Erbrecht zu. Doch erbt sie nach Sure 4:11 nur jeweils die Hälfte eines ihr im Verwandtschaftsverhältnis zum Verstorbenen gleichgeordneten männlichen Erben. Das wird schon länger mit den finanziellen Verantwortlichkeiten des Mannes begründet, die eine Frau nicht hat. Tatsächlich ist der Mann allein für den Unterhalt seiner Familie verantwortlich, und es gibt, jedenfalls theoretisch, keine Gütergemeinschaft in der Ehe.

In bestimmten Rechtsfällen dürfen laut Koran, wiederum im Unterschied zum jüdischen Recht und generell zur vorislamischen Zeit, Frauen als Zeugen fungieren. Das heißt, wenn kein zweiter männlicher Zeuge auffindbar ist, können zwei Zeuginnen einen Mann ersetzen. Das wird von frommen Muslimen und Musliminnen heute damit begründet, dass Gott es den Frauen, die durch Haushalt und Kinder oft abgelenkt seien, leicht machen wollte. In frauenfeindlichen Aussagen seit dem 2/3. islamischen Jahrhundert führte es zur Schlussfolgerung, dass Frauen intellektuell defizitär seien. In späteren Darstellungen des „Ersten Fehlers", wie der christliche „Sündenfall" im Arabischen heißt, gehört dies, wie die Verfügungen zum Erbrecht, zu Gottes Strafen für Eva. Spätere Korankommentare reihen beides unter die in Sure 4:34 formulierte „Überlegenheit" des Mannes über die Frau. Diese Aussagen, die von Männern stammen, sind eine eindeutige Parallele zu dem, was die Männer innerhalb der Kirche gegen die Frauen unternommen haben.

Die Erschaffung Evas aus einer Rippe Adams ist sowohl jüdisch als auch christlich manifestiert. Dass der Islam als jüngste abrahamische Religion diesen Sachverhalt bestätigt, ist für den logisch denkenden Menschen ein Beweis der Wahrheit. Manche halten dies für eine Adaption. Diese Realität wird in folgendem Hadith bestätigt:

Abu Huraira, Allahs Wohlgefallen auf ihm, berichtete, dass der Gesandte Allahs, Allahs Segen und Friede auf ihm, sagte: „Seid gütig zu den Frauen; denn die Frau wurde aus einer krummen Rippe erschaffen, und wahrlich, die stärkste Krümmung der Rippe ist in ihrem Oberteil. Wenn du die Rippe geraderichten willst, brichst du sie; und wenn du sie so läßt, bleibt sie immer krumm. Seid also gütig zu den Frauen!" (Bu). [SUN:1232]

Dies lässt sich als eine widerwillig-wohlwollende Anerkennung einer weiblichen Identität deuten, die „mann" nicht ändern kann und deshalb mit guter Behandlung hinnehmen soll: Die Frau als die Andersartige, anders geartet als der Mann, der sich für den Normalfall hält.

Jedenfalls hat es im Islam weder Hexenverfolgungen gegeben und erst recht keine Hexenverbrennungen wie das im Abendland in der Zeit vom 14. – 18. Jahrhundert der Fall war (1775 war der letzte Hexenprozeß in Europa). Eine Debatte darüber „Ob die Weiber Menschen sind oder nicht", erhitzte die männlichen Vertreter beider Kirchen im christlichen Mitteleuropa im 16. und 17. Jahrhundert!

Der Mensch, der besser sein will als seine Mitmenschen, ist der Frömmste. Doch gerade ein frommer Mensch hat niemals das Bedürfnis, sich selbst und geschweige denn Gott gegenüber besser zu sein als die anderen. Wendet man dieses grundlegende Prinzip auf das menschliche Geschlecht an, so sind Mann und Frau vor Gott gleichwertig. Irgendwelche biologischen Eigenschaften von Mann und Frau als Maßstab für das Bessere oder Schlechtere zu nehmen ist völlig falsch. Die biologischen Unterschiede auf allen Ebenen sind elementare Faktoren für die gegenseitige Ergänzung und Bereicherung unseres Daseins. Man denke an die Sexualität. Sie ist von Gott gewollt und stellt den höchsten Genuß beider Geschlechter dar. Bedenkt man, dass gerade die Arterhaltung der menschlichen Gattung damit verknüpft ist, so sieht man hier ein winziges Stück der Weisheit Gottes in seiner Systemstruktur. Wer, ob Mann oder Frau, diese intime Beziehung mit seinem Partner bzw. Partnerin unter diesen religiösen Gesichtspunkten betrachtet, erhöht die Qualität einer solchen Interaktion um das Vielfache. Hierin liegt ein Prozeß des Bewusstwerdens von Gottes Ordnung.

Nähert man sich seinem Partner in diesem gerade beschriebenen Bewusstsein, so werden alle anderen Probleme zu Nichtigkeiten und der Weg zur absoluten Harmonie innerhalb der Beziehung auf allen Ebenen ist gegeben.

Dass ein Muslim bis zu vier Frauen gleichzeitig heiraten kann, ist unter Berücksichtigung der historischen Kausalität zu sehen und für den verständigen Muslim in keiner Weise erlaubt. Warum ist das so? Weil der Mensch im Diesseits immer wieder mit neuen Situationen konfrontiert wird und gerade hier wäre eine einfache Vorgehensweise Gottes, die nur Erlaubtes und Unerlaubtes beinhaltet, didaktisch gesehen völlig falsch. Hierin liegt in der Tat ein elementarer Unterschied in der Vorgehensweise des Allmächtigen dem Menschen gegenüber verglichen mit den Gesetzen, die von menschlichen Institutionen, Kirchen, gemacht worden sind. Gerät der Mensch in eine Situation, in der er keine Hilfestellung von seiner Religion erhält, so muss er selbst eine Lösung finden. Genau hier benötigt er eine moralische und seelische Unterstützung, so etwas wie eine Parallele oder einen Analogieschluß, um eine Rückmeldung für seine Handlungsweise von seiner Religion zu erhalten.

Nach einem sehr harten Kampf in der Schlacht von Uhud im Jahr 625 gegen die ungläubigen Mekkaner waren die Verluste an muslimischen Männern so hoch, dass danach ein soziales Problem in Medina mit den Witwen und deren Kindern entstanden ist. In diesem historischen Zusammenhang sind folgende Koranverse geoffenbart worden: „2 Und gebt den (eurer Obhut anvertrauten) Waisen ihr Vermögen und tauscht (dabei) nicht etwas Schlechtes gegen etwas Gutes aus, und zehrt nicht ihr Vermögen auf, indem ihr es eurem eigenen zuschlagt! Das wäre eine schwere Sünde. 3 Und wenn ihr fürchtet, in Sachen der (eurer Obhut anvertrauten weiblichen) Waisen nicht recht zu tun, dann heiratet, was euch an Frauen gut ansteht (?) (oder: beliebt?), (ein jeder) zwei, drei oder vier. Wenn ihr aber fürchtet, (so viele) nicht gerecht zu (be)handeln, dann (nur) eine, oder was ihr (an Sklavinnen) besitzt! So könnt ihr am ehesten vermeiden, unrecht zu tun." (Sure 4, 2-3)

Im Vers 2 ist die Sprache von den Waisen, hier sind die Kinder von verwandten Männern gemeint, die in diesem Kampf umgekommen sind und wie man mit dem Vermögen dieser Abhängigen umzugehen hat. Dass die Witwen dieser Gefallenen von deren Angehörigen als zweite oder dritte Frau geheiratet worden sind lag klar auf der Hand. Diese Handhabe hat den Vorteil, dass die Witwen nicht in die Hände fremder Männer fallen, wo die Situation nach dem Verlust des eigenen Ehemannes noch schwieriger geworden wäre. Aufgrund dieser Lösung bleibt die verwitwete Frau bei Menschen, die sie die ganze Zeit über im Rahmen der Sippe oder Familie als Verwandte gekannt hat. Meine Frau und ich als Autoren dieses Buches haben solche Fälle konkret im Freundeskreis erlebt. So lebte die Frau des Verstorbenen mit ihren Kindern beim Bruder ihres Ehemannes und seiner Ehefrau und deren Kindern. Für die Kinder was der Onkel auf einmal der Papa, wobei ich selbst als Kind sämtliche Onkel, die ich hatte, mit „Papa" angesprochen habe und sie hatten faktisch diese Vaterrolle mir gegenüber in der Abwesenheit meines leiblichen Vaters innegehabt. Dass in Europa nach den beiden Weltkriegen manche Frauen auf die Idee kamen, die wenigen Männer, die übriggeblieben sind, sollten weitere Frauen heiraten, ist nicht so sehr bekannt und dass gerade Frauen auf diese Idee kamen, war gar nicht einmal dumm, denn dadurch wäre die Möglichkeit von außerehelichen Beziehungen reduziert worden.

Die Forderung Gottes an die Männer in Vers 3, nur eine Frau zu heiraten im Falle eines Zweifels, nicht gerecht sein zu können und das im Zusammenhang mit dieser historischen katastrophalen Ausnahmesituation bedeutet, im normalen Alltag ohne Extremsituationen nur eine Frau zu heiraten.

Vers 129 der 4. Sure bestätigt exakt diesen Sachverhalt. „Und ihr werdet die Frauen (die ihr zu gleicher Zeit als Ehefrauen habt) nicht (wirklich) gerecht behandeln können, ihr mögt noch so sehr darauf aus sein..."

Ein sehr wichtiges Element in der Beziehung zwischen Mann und Frau ist wie bereits oben erwähnt die sexuelle Beziehung. Diese Thematik ist in der islamischen Glaubenslehre absolut kein Tabu. Gott hat dieses System geschaffen, er gab dem Kamel seine Kameleigenschaften, dem Pferd genauso seine Charakteristika usw. Dass der Mann eine Frau benötigt und umgekehrt ist ein dem Menschen von Gott gegebenes Bedürfnis. Wer sich dem entzieht, betreibt Gott gegenüber erst recht Ungehorsam. Wir denken hier an die Einführung des Zölibats durch die katholische Kirche im 12. Jahrhundert und genau das tut uns persönlich weh, da wir katholische Priester kennen, die phantastische Ehemänner und Väter hätten sein können. Die Schuld hierfür tragen Gott sei Dank nicht diese einzelnen Individuen, sondern die Organisation und Gott weiß es besser.

Ein wichtiger Unterschied in der islamischen und christlichen Sichtweise der Sexualität liegt darin, nicht nur Kinder zu zeugen, sondern in ihrer Akzeptanz als ein Genuß für beide Geschlechter. Der theologische Hintergrund hierfür wird durch die folgenden Auszüge aus Al Ghazzalis „Band über die Ehe" in seinem im 11. Jahrhundert verfaßten klassischem Werk der islamischen Orthodoxie, der „Neubelebung der Religionswissenschaften", erkennbar:

„Freilich soll der Geschlechtstrieb nicht lediglich die Kindererzeugung erzwingen, sondern er ist auch in einer anderen Hinsicht eine weise Einrichtung. Die mit seiner Befriedigung verbundene Lust, mit der sich, wenn sie von Dauer wäre, keine andere vergleichen ließe, soll nämlich auf die im Paradies verheißenen Wonnen hindeuten. Denn es wäre nutzlos, einem eine Wonne in Aussicht zu stellen, die er niemals empfunden hat. - Die irdischen Vergnügungen sind daher auch insofern von Bedeutung, als sie das Verlangen nach dem dauernden Genuß derselben im Paradies wecken und so einen Ansporn für den Dienst Gottes bilden."

Al Ghazzali sieht im sexuellen Genuß einen Vorboten für den verheißenen paradiesischen Genuß. Dieses Prinzip gilt für alle diesseitigen Genüsse und hierin liegt eine großartige Motivation für jeden verständigen Menschen, ob Frau oder Mann, Gott gehorsam zu sein, um das Mehrfache dieser herrlichen Zustände bei Gott dereinst zu erhalten. So wird die Sexualität zu einem schönen exemplarischen Beispiel für die Vorgehensweise Gottes. Hierin liegt ein sehr wichtiges Element für den gebildeten verständigen muslimischen Menschen, ob Mann oder Frau, um gegen seine Schamgefühle bei der ersten Begegnung anzukommen und damit wäre der Weg zu der Annahme des schönsten Gottesgeschenks frei.

Dieser von Gott gewollte Genuß für beide Geschlechter muss logischerweise von der menschlichen Vernunft mit in die soziale Struktur eingebettet und behütet werden wie der eigene Augapfel, d.h. die Bindung von Mann und Frau muss in einem offiziellen Rahmen geschehen, in dem das Recht beider bewahrt werden kann und die daraus hervorgehenden Kinder gemäß ihrem göttliches Recht in Form von sozialer Gerechtigkeit, Sicherheit und Liebe aufwachsen können. Dieses hohe Geschenk des Allmächtigen muss wie ein Diamant aufgehoben und darf nicht missbraucht werden, gleichgültig aus welcher Motivation. Die Bordelle sind in Wahrheit ein Ausdruck des Tierischen im Menschen und eine wahre Ohrfeige ins Gesicht der Frau. Mit anderen Worten die Gesellschaft, die solche Einrichtungen offiziell zulässt, muss diese zweischneidige Angelegenheit überdenken. Steigt die Nachfrage so ist das ein Indikator für eine falsche gesellschaftliche Entwicklung und erst recht ein Beweis für die Missbildung der sozialen Struktur des Nachfragenden. Dies gilt genauso für die Frau, die ihren Lebensunterhalt damit verdienen will.

Die erste Stufe zur Realisierung dessen, was uns von Gott als Ordnung gegeben ist, setzt bereits bei der ersten Begegnung zwischen Mann und Frau ein. Der Mechanismus bei diesem Prozeß ist bereits koranisch koordiniert. Schon in der Begegnung zwischen beiden Geschlechtern sollte diese Ordnung einsetzen und zwar in Form eines gegenseitigen Respekts. Hierfür steht ein exemplarisches Beispiel aus dem Heiligen Buch, dem Koran, für die Konkretisierung der Begegnung. „30 Sag den gläubigen Männern, sie sollen (statt jemanden anzustarren, lieber) ihre Augen niederschlagen, und sie sollen darauf achten, dass ihre Scham bedeckt ist (w. sie sollen ihre Scham bewahren). So halten sie sich am ehesten sittlich (und rein) (w. das ist lauterer für sie). Gott ist wohl darüber unterrichtet, was sie tun. 31 Und sag den gläubigen Frauen, sie sollen (statt jemanden anzustarren, lieber) ihre Augen niederschlagen, und sie sollen darauf achten, dass ihre Scham bedeckt ist (w. sie sollen ihre Scham bewahren), den Schmuck, den sie (am Körper) tragen, nicht offen zeigen, soweit er nicht (normalerweise) sichtbar ist, ihren Schal sich über den (vom Halsausschnitt nach vorne heruntergehenden) Schlitz (des Kleides) ziehen und den Schmuck, den sie (am Körper) tragen, niemand (w. nicht) offen zeigen, außer ihrem Mann, ihrem Vater, ihrem Schwiegervater, ihren Söhnen, ihren Stiefsöhnen, ihren Brüdern, den Söhnen ihrer Brüder und ihrer Schwestern, ihren Frauen (d.h. den Frauen, mit denen sie Umgang pflegen?), ihren Sklavinnen (w. dem, was sie (an Sklavinnen) besitzen), den männlichen Bediensteten (w. Gefolgsleuten), die keinen (Geschlechts)trieb (mehr) haben, und den Kindern, die noch nichts von weiblichen Geschlechtsteilen wissen. Und sie sollen nicht mit ihren Beinen (aneinander)schlagen und damit auf den Schmuck aufmerksam machen, den sie (durch die Kleidung) verborgen (an ihnen) tragen (w. damit man merkt, was sie von ihrem Schmuck geheimhalten). Und wendet euch allesamt (reumütig) wieder Gott zu, ihr Gläubigen! Vielleicht wird es euch (dann) wohl ergehen." (Sure 24, 30-31)

Solche konkreten Beispiele sind zunächst an die Männer gerichtet, da sie angeblich das „stärkere Geschlecht" darstellen und so gebührt es ihnen, mit gutem Beispiel voranzugehen, indem sie bei der Begegnung mit der Frau sie nicht angaffen dürfen. Hierin liegt eine eindeutige Bezeugung des Respekts gegenüber dem weiblichen Geschlecht. Dasselbe gilt umgekehrt auch für das weibliche Geschlecht beim Antreffen des männlichen Geschlechts.

Die Stelle in Vers 31, in der es heißt: „...ihren Schal sich über den (vom Halsausschnitt nach vorne heruntergehenden) Schlitz (des Kleides) ziehen", stellt die Quelle der Problematik des Kopftuchs dar. In manchen Koranübersetzungen gerade von Konvertiten in Deutschland gibt es Ausgaben, in denen anstelle des Begriffes „Schal" das Wort „Kopftuch" steht. Auf diese Problematik werden wir später genauer eingehen. Hierin liegt ein konkretes Beispiel für den Missbrauch der islamischen Glaubenslehre als Instrument zur Unterdrückung der Frau. Dass diese koranischen Aussagen an den verständigen Menschen gerichtet sind, der sie als beispielhafte Darstellungen ansieht, liegt klar auf der Hand. Alle Frauen in der vorislamischen Zeit und während des Aufbruchs der Glaubenslehre mussten so gut wie sämtliche Arbeiten innerhalb der Sippe im Zelt sowie auf dem Feld als auch mit Tieren verrichten und meistens das Baby auf den Brüsten tragend. Heulte das Kind, so wurde ihm sofort die Brust gegeben, ohne dass die Arbeit unterbrochen werden musste, deshalb der V-Ausschnitt am Kleid, um das Kind möglichst schnell zu stillen. Beim sich Bücken während der Arbeit konnte man die Brüste der Frau durch die Öffnung im Kleid sehen und so wurde sie zu einem Lustobjekt für den Mann. Durch den koranischen Hinweis in Vers 31 war das nicht mehr möglich.

In diesem Kapitel sind die wichtigsten Elemente aus theologischer Sicht in der Beziehung und dem grundlegenden Wert von Mann und Frau sowie exemplarische Beispiele für den Umgang der Geschlechter miteinander geschildert. Es gibt eine Menge Aussagen über die Frau in unserem Heiligen Buch, dem Koran. Warum eigentlich?

Das 4. Kapitel im Heiligen Buch heißt „Die Weiber", wobei der Begriff „Weib" hier nicht im Sinne von „Marktweib" gemeint ist, sondern im alttestamentlichen Sinne zu verstehen ist. Vergleicht man die elementarsten Aussagen der islamischen Glaubenslehre nicht nur über den Wert von Mann und Frau, sondern auch über die Handhabe des höchsten Genusses beider, mit der gesellschaftlichen Struktur und dem Umgang mit der Frau, man denke an den Filiazid bzw. die Mädchentötung, so hat diese Glaubenslehre Ungeheueres im positiven Sinne geleistet und das nicht nur für die Frau, sondern ebenso für den Mann. Klar gibt es Verse, die aus ihrem historischen Zusammenhang herausgerissen werden in bezug auf die Frau, um sie aktuell gegen diese auszulegen. In den späteren Kapiteln wird konkret auf solche Fälle eingegangen.

In diesem theologischen Abschnitt hoffen wir, meine Frau und ich, klar und deutlich herausgearbeitet zu haben, dass sowohl bei den christlichen als auch bei den muslimischen Männern das Bedürfnis besteht, sich über die Frau zu stellen. Man ist bereit, sogar die eigene Glaubenslehre zu missbrauchen, um sich diesen Vorteil zu verschaffen. An dieser Stelle muss deutlich gesagt werden, dass die Religionen unschuldig sind.

2. Ethnische Traditionen und deren Einfluß auf das gesellschaftliche Verhalten in der Beziehung zwischen Mann und Frau

In diesem Kapitel sollen uralte Verhaltensweisen exemplarisch in manchen islamischen Ländern aufgezeigt werden, über die man öffentlich kaum spricht, geschweige denn dass darüber in den Medien diskutiert wird.

Hier geht es darum, den psychologischen Hintergrund bei den beiden Geschlechtern und dessen Mechanismen, die sowohl Frau als auch Mann steuern, aufzuzeigen. Diese ethnischen Gebräuche, die von Generation zu Generation weiter vermittelt werden, formen das seelische Fundament eines jeden Individuums unabhängig vom Geschlecht. Der einzelne nimmt diese Verhaltensweisen unkritisch so hin, weil es im Prinzip als eine Schande nach außen hin betrachtet wird, wenn man sich ihnen nicht fügt. Nach der Erfüllung dieser ethnischen Pflichten erhält der junge Mensch als Belohnung eine Feierlichkeit mit Geschenken von seinen Angehörigen und vor allem zählt er zu den Erwachsenen. Dass manche solcher Verhaltensweisen als religiös apostrophiert werden, gilt für die drei abrahamischen Religionen und wird z. T. bis heute noch in der Diasporasituation praktiziert.

a) Die Beschneidung und deren soziale Auswirkung auf das Bewusstsein des Mannes

Bevor wir auf das Thema der Beschneidung eingehen, wollen wir zunächst auf den Komplex der Beziehung des Menschen zur Sexualität aus ethnischer Sicht eingehen.

Jede außer- und voreheliche Beziehung zwischen einem Mann und einer Frau, auch, solange es die Sklaverei gab, zwischen einem Mann und einer Sklavin, die ihm nicht gehörte, gilt nach dem Koran als „Zina", man meint hier Geschlechtsverkehr zwischen einem Mann und einer Frau, die nicht miteinander verheiratet sind und unterliegt strenger Bestrafung für beide. Nach Sure 24:2 „Wenn eine Frau und ein Mann Unzucht begehen, dann verabreicht jedem von ihnen hundert (Peitschen)hiebe! Und laßt euch im Hinblick darauf, dass es (bei dieser Strafverordnung) um die Religion Gottes geht, nicht von Mitleid mit ihnen erfassen, wenn (anders) ihr an Gott und den jüngsten Tag glaubt! Und bei ihrer Bestrafung soll eine Gruppe der Gläubigen (als Zeugen) anwesend sein." besteht die Bestrafung in 100 Peitschenhieben und dies gilt nur für Muslime, die im vollen Besitz ihrer geistigen Kräfte sind, vor Zeugen bzw. öffentlich, damit diese von solchen Taten abgeschreckt werden. Später wurde aus dem jüdischen Recht die Steinigung vor Zeugen übernommen, also letztlich die Todesstrafe mit öffentlicher Ächtung, wobei diese Art und Weise der Bestrafung nach der Zeit erfolgte, in der der Koran geoffenbart worden ist. Der Begriff „Steinigung" ist im Koran nirgendwo erwähnt, jedoch im Alten Testament 5. Buch Mose, Kap. 22, V 20-24. „20 Ist's aber Wahrheit, dass die Dirne nicht ist Jungfrau gefunden, 21 so soll man sie heraus vor die Tür ihres Vaters Hauses führen, und die Leute der Stadt sollen sie zu Tode steinigen, darum dass sie eine Torheit in Israel begangen und in ihres Vaters Hause gehurt hat; und sollst das Böse von dir tun. 22 Wenn jemand gefunden wird, der bei einem Weibe schläft, die einen Ehemann hat, so sollen sie beide sterben, der Mann und das Weib, bei dem er geschlafen hat; und sollst das Böse von Israel tun. 23 Wenn eine Dirne jemand verlobt ist, und ein Mann kriegt sie in der Stadt und schläft bei ihr, 24 so sollt ihr sie alle beide zu der Stadt Tor ausführen und sollt sie steinigen, dass sie sterben;..."

Allerdings müssen nach der islamischen Glaubenslehre vier vollgültige männliche Zeugen den Akt glaubwürdig bestätigen können, wenn sie nicht selbst hart bestraft werden wollen. Daran ist diese Bestrafung oft gescheitert. Hierin liegt ein großes Stück der Barmherzigkeit Gottes, denn die Zeugen müssen exakt sehen, wie der Mann sein Glied in die Frau einführt. Wie man sieht, gab es die Steinigung im Judentum, d.h. in der ältesten abrahamischen Offenbarung um ca. 1200 vor Christus. Der Prophet Mohammed wurde 570 nach Christus geboren. Vergleicht man die Vorgehensweise Gottes, so muß man feststellen, dass da eine kolossale Erleichterung vorliegt, nämlich von der öffentlichen Steinigung bei den Juden bis hin zum Benötigen von vier Zeugen, die den Geschlechtsakt gesehen haben müssen, bei den Muslimen. Die Anzahl von vier Zeugen ist ein Muss und ist in Sure 4, Vers 15, manifestiert: „Und wenn welche von euren Frauen etwas Abscheuliches begehen, so verlangt, daß vier von euch (Männern) gegen sie zeugen! Wenn sie (tatsächlich) zeugen, dann haltet sie im Haus fest, bis der Tod sie abberuft oder Gott ihnen eine Möglichkeit schafft (ins normale Leben zurückzukehren)!"

Dass das seltenst der Fall sein kann, liegt klar auf der Hand. Dieser Tatbestand zeugt von einer sehr humanen Vorgehensweise des Allmächtigen. Daraus kann auch nur der verständige und gebildete Mensch die barmherzige Intention Gottes der Menschheit gegenüber erkennen. Es geht für Gott nicht darum, Menschen zu töten oder zu quälen, sondern vielmehr um den Erhalt der moralischen Ordnung. Um richtig das von Gott Gemeinte der Menschheit gegenüber zu begreifen muss man Vergleichende Theologie betreiben. In Wahrheit sind wir auf diesem Planeten in Anbetracht dessen, was Er geschaffen hat, weniger als das Nichts und trotzdem schenkt der Allmächtige uns so viel Aufmerksamkeit, gerade weil Er ein vergebender liebender Gott ist.

Aus der modernen Literatur mehrerer arabisch-islamischer Länder, auch aus Meldungen arabischer Zeitungen, wird deutlich, dass bis heute, vor allem auf dem Land, ein junges Mädchen, das in den Verdacht gerät, seine Jungfräulichkeit ohne eine Heirat verloren zu haben, traditionellen Ehrvorstellungen zufolge vom nächsten männlichen Verwandten getötet werden muss. Das Thema des „Ehrereinwaschens" der Familie durch das Blut des beschuldigten Mädchens - der Mann geht frei aus - aus kritischer Sicht, auch aus der des Bruders, der sich gegen den ihm von älteren weiblichen Verwandten auferlegten Mord heftig sträubt, zieht sich durch die arabische Prosa und Poesie des 20. Jahrhunderts. Diese Grausamkeit ist „Urf", Gewohnheitsrecht, nicht islamische Vorschrift. Um dem vorzubeugen, dass ein Mädchen weniger sexuelle Motivation hat, bzw. diesen Vorgang zu hemmen, kam man in der vorabrahamischen Zeit auf die Idee der Beschneidung.

Nun wollen wir auf die Thematik der Beschneidung und ihren sozialen Folgen eingehen. Meine Frau hat in Kairo eine Jüdin, eine Christin und die muslimischen weiblichen Angehörigen meiner Sippe gefragt, warum sie ihre Kinder beschneiden. Die Antwort war überall eindeutig die gleiche, es sei eine jüdische, christliche und islamische Vorschrift. Dass die Beschneidung älter als Abraham ist, weiß kaum noch jemand. Sie kam aus dem äthiopischen Hügelland.

Der Begriff „Beschneidung" der Frau verbirgt den wahren Charakter einer grausamen rituellen Verstümmelung der Klitoris und oftmals der Schamlippen sowie des gesamten Scheideneingangs. Die Beschneidung der Mädchen wird im Alter zwischen sieben Tagen und vierzehn Jahren, meist jedoch im Alter von vier bis acht Jahren vorgenommen.

Bei der harmlosesten Art der Beschneidung nach der Empfehlung des Propheten wird nur der äußere Teil des Kitzlers beim kleinen Mädchen abgetrennt. Dagegen handelt es sich bei der am weitesten verbreiteten Methode der Beschneidung um einen wesentlich einschneidenderen Eingriff: Der äußere Teil des Kitzlers und die kleinen Schamlippen werden ganz oder teilweise amputiert. Bei der schlimmsten Beschneidungsform, der pharaonischen Beschneidung, werden sowohl der Kitzler als auch die kleinen und die großen Schamlippen amputiert, danach wird fast die ganze Scheidenöffnung mit Seide oder Darmsaiten zugenäht oder mit Dornen geheftet, so dass nur noch eine winzige Öffnung für das Urinieren und die Monatsblutung bleibt. Im Allgemeinen erfolgen diese Operationen ohne Betäubung und unter völlig unhygienischen Bedingungen, Instrumente sind Rasierklingen, Messer, Glasscherben, Holzstückchen, Dornen und stumpfe Scheren. Gegen Infektionen sollen Öl, Akazienharz und Kräuter helfen. Die Heilung wird beschleunigt, indem man den Mädchen 40 Tage lang die Beine von der Hüfte bis zu den Knöcheln zusammenbindet, damit sie sich nicht bewegen können.

Die drei abrahamischen Religionen hatten sie bereits vorgefunden. Im Alten Testament ist die Beschneidung in der Tat erwähnt, allerdings im Zusammenhang mit den Männern. Im 1. Buch Mose Kap. 17, 10-14, heißt es: „10 Das ist aber mein Bund, den ihr halten sollt zwischen mir und euch und deinem Samen nach dir: Alles, was männlich ist unter euch, soll beschnitten werden. 11 Ihr sollt aber die Vorhaut an eurem Fleisch beschneiden. Das soll ein Zeichen sein des Bundes zwischen mir und euch. 12 Ein jegliches Knäblein, wenn's acht Tage alt ist, sollt ihr beschneiden bei euren Nachkommen. 13 Beschnitten werden soll alles Gesinde, das dir daheim geboren oder erkauft ist. Und also soll mein Bund an eurem Fleisch sein zum ewigen Bund. 14 Und wo ein Mannsbild nicht wird beschnitten an der Vorhaut seines Fleisches, des Seele soll ausgerottet werden aus seinem Volk, darum dass es meinen Bund unterlassen hat."

Im Christentum hat diese Tradition auch neutestamentliche Wurzeln. In Lukas 2, 21 heißt es: „Und da acht Tage um waren, dass das Kind beschnitten würde, da ward sein Name genannt Jesus, welcher genannt war von dem Engel, ehe denn er in Mutterleibe empfangen ward." Man bedenke, dass in beiden Heiligen Büchern von der Beschneidung des männlichen Geschlechts die Sprache ist.

Islamisch gesehen ist ein Hadith, eine Aussage des Propheten Mohammed s.a.s., in der Sunna gegeben. Sinngemäß wird berichtet, als er zum Thema der Beschneidung befragt wurde, meinte er, dass dies bei den Männern begrüßenswert sei. Zur Beschneidung der Frau sagte er: „Wenn ihr unbedingt ein Mädchen beschneiden wollt, dann schneidet möglichst wenig ab." Dazu heißt ergänzend in der Hadithsammlung von Buchari Nr. 6297: „... Abu Huraira, Allahs Wohlgefallen auf ihm, berichtete, dass der Prophet, Allahs Segen und Friede auf ihm, sagte: „Zu der natürlichen Veranlagung (Fitra) eines Menschen gehören fünf Dinge: Die Beschneidung, das Abrasieren der Schamhaare, das Abzupfen der Achselhaare und das Kurzschneiden der Finger- und Fußnägel."

Koranisch ist das Thema nicht berührt, weil die Frauen in der vorislamischen Zeit auf der Arabischen Halbinsel eine solche Tradition nicht kannten.

Wie man hier sieht, galt die Beschneidung nur für den Mann, was absolut sinnvoll ist. Einer unserer deutschen Freunde aus dem Kreis der evangelischen Studentengemeinde in Karlsruhe musste mit über 40 Jahren das Krankenhaus aufsuchen, um sich beschneiden zu lassen, weil er im Bereich der Vorhaut eine eitrige Entzündung hatte. Es ist also für den Mann eine wichtige hygienische Maßnahme und gerade in den heißen Ländern, um Krankheiten vorzubeugen. Eine Bestätigung hierfür ist in der islamischen Sunna zu finden. „5891.... Abu Huraira, Allahs Wohlgefallen auf ihm, berichtete, dass der Prophet, Allahs Segen und Friede auf ihm, sagte: Die Beschneidung ist auch ein Gebot im Judentum und im Christentum." Dann folgt folgender Kommentar: „Erst im Jahre 49 nach Jesus, Allahs Friede auf ihm, entschied das Apostelkonzil der antiochenischen Gemeinde mit der Urgemeinde in Jerusalem: ‚Wer zum Christentum übertritt, braucht sich nicht beschneiden zu lassen.' Damit wurde von einer Menschenwillkür - wie viele andere Veränderungsbeispiele durch die christlichen Kirchen - ein göttliches Gebot aufgehoben. Als aber das christliche Europa gemerkt hat, dass bei ihnen der Penis- und Gebärmutterkrebs häufig vorkommt, während dieser bei Juden und Muslimen (die das Gebot der Beschneidung einhalten) selten ist, ja so gut wie unbekannt, wurden sie wach, nicht im religiösen Sinne, sondern im wissenschaftlichen Sinne: Sie lassen die Vorhaut aus medizinischen und hygienischen Gründen (manchmal auf Kosten der Krankenkasse) entfernen." [BU:1216]

Dieser oben erwähnte Kommentar erwähnt Tatsachen, über die kaum jemand heutzutage im Abendland spricht. Aber was ist mit der Beschneidung der Frau?

Gerade hier wird das Zentrum der Lust, die Klitoris, zerstört und genau dort treffen sich die Nervenenden, die die Gefühle an das Gehirn weiterleiten. Welche soziale Nachteile hat diese Verstümmelung für die Interaktion zwischen Frau und Mann?

Gerade in den islamischen Ländern und auch bei Juden und Christen, die dort leben, spielt die Hochzeitsnacht eine sehr wichtige Rolle. In dieser Nacht wird die erste Begegnung im tiefsten privaten Bereich der Ehegatten vollzogen. Leider sind beide nicht allein. Die Jungfrau wird von Hebammen oder nahen Verwandten so fest gehalten, dass ihr Mann, der um seinen Mittel- und Zeigefinger ein weißes Tuch gewickelt hat, mit diesen beiden Fingern in die Vagina seiner Jungfrau hineinstößt, um die Jungfernhaut zu penetrieren. Dabei wird das Tuch mit Blut getränkt und von den Eltern der Jungfrau den Hochzeitsgästen öffentlich gezeigt. Die Brauteltern wollen hiermit den Gästen und der ganzen Welt mitteilen, dass sie die Ehre ihrer Tochter bis zu ihrer Hochzeitsnacht bestens für ihren zukünftigen Mann aufbewahrt haben. Ab jetzt geben sie ihre Elternverantwortung an ihren Mann weiter. In dieser Hochzeitsnacht kommt es natürlich nicht zu einer echten sexuellen Beziehung zwischen den Brautleuten. Man erreicht hiermit höchstens einen Schock für die junge Frau.

Durch diese Tradition ist es natürlich für junge Menschen sehr schwierig, voreheliche sexuelle Kontakte zu haben. Im Gegenteil, die Mädchen, die durch Schulsport oder irgendwelche körperliche Aktivitäten das Hymen verletzt haben, sorgen mit Hilfe ihrer Mütter bzw. anderer weiblicher Verwandter dafür, dass in der Hochzeitsnacht durch Täuschung, z.B. durch Einführen von Hühnerblut in kleinen hauchdünnen Blasen in die Vagina das weiße Tuch auf den Fingern des Mannes mit Blut beschmiert wird. Ich weiß, dass z.Z. eine Menge Mediziner in den Großstädten Ägyptens von der Lösung dieser Probleme gut leben.

Damit das Mädchen möglichst nicht in eine solch kritische Situation kommt, in der die Ehre seiner Familie auf dem Spiel steht, das könnte für es in ländlichen Gebieten sogar den Tod bedeuten, meidet es jeglichen sexuellen Kontakt zum anderen Geschlecht. So glaubt jeder junge Mann, dass er auf der sexuellen Ebene ein „toller Hecht" sei. Bei der ersten Begegnung nach der Hochzeitsnacht, wenn beide allein miteinander sind, kommt es für den Mann zur ersten seelischen Katastrophe. Er dachte vorher, jedes Mädchen würde unter ihm nach Hilfe schreien und nun stellt er fest, dass das Wunschdenken ist. Kein Wunder, denn das Mädchen ist durch die Beschneidung im Grunde genommen verstümmelt und genau das weiß heute kaum jemand unter den Jugendlichen in den entsprechenden Ländern.

Dieser Bewusstseinsschlag ins Gesicht der Männlichkeit des Mannes führt in seinem tiefsten Innern dazu, dass er im Fundament mit seiner Interaktion mit seiner Frau so stark leidet, dass er unbewusst nach einem Ersatz für die Bestätigung seiner eigenen Männlichkeit sich gegenüber schreit. Diese Situation führt dazu, dass die Frau intuitiv ihren eigenen Ehemann nach außen hin so darstellt, als ob er der größte Löwe aller Zeiten wäre. Sie kann mit ihren Freundinnen oder Verwandten keine Entscheidungen selbständig treffen, ohne dass sie ihnen gegenüber laut zugibt, ihren Mann zuerst fragen zu müssen. In Wahrheit ist das nichts anderes als eine Art Wiedergutmachung aus Frauensicht. Das Bild des eigenen Ehemannes wird auf allen Ebenen zum Positiven hin so stark interpoliert, bis spätestens das erste Kind geboren wird und die Frau mit wichtigeren Problemen konfrontiert ist.

Wie verhält sich der Mann nach diesem sexuellen Fiasko mit seiner Frau? Er versucht, im Arbeitsprozeß seine eigene Wichtigkeit, gleichgültig wie, viel bewusster als vorher wahrzunehmen. Man geht über den Weg der Lügen und des Betrügens, mit anderen Worten, seine eigene Männlichkeit wird teilweise über die Moral gestellt. In diesem Prozeß des männlichen Verhaltens liegt der Quell für die Unterdrückung der Frau, um ihr gerade zu zeigen, wer hier der Mann ist.

b) Das Heiraten in islamischen Ländern

Bei der Heirat von Mann und Frau ist diese Angelegenheit keine individuelle zwischen den Brautleuten, sondern vielmehr zwischen deren Familien. Im allgemeinen wird ein Vertrag über die Höhe der Morgengabe abgeschlossen, die konkret an die Eltern der Braut ausbezahlt wird sowie eine viel höhere Summe, die vertraglich festgehalten wird und im Fall einer Scheidung an die Frau gezahlt werden muss. Dies ist der Fall, wenn die Brautleute kein Verwandtschaftsverhältnis miteinander haben. Genau hier spielen die Psychologie und das Unterbewusstsein der Elterngeneration eine sehr große Rolle bei der Auswahl des Partners für die eigene Tochter oder den eigenen Sohn. Hierfür gibt es ein arabisches Sprichwort, das lautet: „Sein Öl zu seinem Mehl." Das „sein" bezieht sich hier auf die Sippe. Das Öl und das Mehl symbolisieren jeweils die beiden jungen Menschen. Im allgemeinen werden der Cousin bzw. die Cousine geheiratet und beide Kinder sind jeweils schon von Geburt an den Eltern des Partners bekannt. Diese positiven Fakten wurden später islamisch zugunsten der Frau verstärkt.

Koran und Traditionsliteratur sind, ausgehend von der Vorrangstellung des Mannes, betont familienfreundlich. Dem Mann, der Gott darum bittet, er möge ihm Freude an seinen Frauen und Kindern schenken, wird das Paradies verheißen. Dazu heißt es in der 25. Sure, Vers 74 f.: „74 und die sagen: 'Herr! Gib, dass wir an unseren Gattinnen und an unserer Nachkommenschaft Freude erleben (w. Schenk uns ... Augenkühle), und mach uns zu einem Vorbild für die Frommen!' 75 (Allen) diesen (Dienern des Barmherzigen) wird (dereinst) mit einem (w. dem) Obergemach (im Paradies) vergolten (zum Lohn) dafür, dass sie geduldig waren. Und ihnen wird darin Gruß und 'Heil!' entboten." Augenkühle ist ein Symbol für das Schöne, Angenehme, da die Wüstenbewohner immer unter der Hitze gelitten haben und noch leiden.

Eine besondere Verehrung für die Mutter ist schon aus der frühen Hadith-Literatur ablesbar. Hadithe weisen darauf hin, dass aus kleinen Mädchen Mütter, Schwestern, Tanten würden, d. h. Frauen wurden über ihre Zugehörigkeit zu ihren männlichen Familienangehörigen definiert. Und diesen wurden sie als nahe Verwandte besonders ans Herz gelegt. Ein exemplarisches Beispiel für die Position der Mutter innerhalb der islamischen Glaubenslehre zeigt folgender Hadith: „Asma' berichtete: "Meine Mutter, die noch Götzendienerin war, kam zu mir mit meinem Vater während der Zeit, in der der Stamm der Quraisch seine Abmachung mit dem Propheten, Gottes Segen und Friede auf ihm, durchführte. Da holte ich mir beim Propheten, Gottes Segen und Friede auf ihm, einen Rat, indem ich sagte: »Meine Mutter ist zu mir wohlwollend gekommen!?« Und er sagte: »Ja! Erhalte deine Bindung zu deiner Mutter aufrecht.«" (Bu). [SUN:2951]

In diesem Fall war die Mutter eine Götzendienerin (Leute, die anstatt Gott Götzen, Steinfiguren und ähnliches angebetet haben), gehörte also zu den schlimmsten Feinden des Propheten. Die Tatsache, dass sie für diese junge Frau (Asma') als Mutter fungierte, stellte alles andere in den Schatten. Demzufolge ist die Mutter in der islamischen Glaubenslehre für ihre Kinder fast heilig. Warum hier „fast"? Weil es nach dem islamischen Verständnis nur einen einzigen Heiligen gibt und das ist Gott. Eine weitere islamische Manifestierung der Wichtigkeit des weiblichen Geschlechts zeigt folgender Hadith: „Wer für drei Töchter zu sorgen hat, ihnen eine gute Erziehung zuteil werden lässt, sie verheiratet und ihnen Gutes tut, dem gebührt das Paradies!" Dies impliziert, übertragen auf die aktuelle Zeit, dass das weibliche Geschlecht ein Anrecht auf eine sehr gute Bildung hat.

Ich als Ägypter komme aus einem Elternhaus, in dem der Bruder meines Vaters, also mein Onkel, die jüngere Schwester meiner Mutter, also meine Tante, geheiratet hat. Ich war der Älteste von sechs Kindern und habe meinen Onkel immer mit Papa bezeichnet, was in Ägypten bis heute noch allgemein üblich ist. Meine Tante, die eine Tochter und einen Sohn geboren hatte, hat mich seit dem 11. Lebensjahr immer wieder mit gutem Essen und Geschenken bearbeitet in der Hoffnung, dass nur ihre eigene Tochter meine zukünftige Ehefrau sein wird. Man hat zwar darüber gelacht, aber gleichzeitig mir gezeigt, dass dies der einzige richtige Lebensweg sei. Ich hatte innerlich genauestens gewusst, dass dies der Wunsch meiner gesamten Verwandtschaft war und so befand ich mich in einer schwierigen Lage, denn diese Cousine stand mir vom Gefühl her so nahe wie meine Schwestern, so dass ich nur geschwisterliche Gefühle für sie empfand. Meine Rettung war der Flug nach Deutschland.

Schon aus der vorislamischen Zeit ist in der Welt des Nahen und Mittleren Ostens die Heirat zwischen Cousin und Cousine väterlicherseits (arabisch: bint `amm) als ideale Form einer Heiratsbeziehung bekannt. Auf die Mitteilung einer meiner arabischen Freunde, dass seine Frau eine Tochter geboren hat, antwortete ich intuitiv: „Deine Frau hat die Frau meines Sohnes geboren." Da wir beide als Ägypter in Deutschland leben und nicht miteinander verwandt sind, so tritt die gemeinsame Nationalität an die Stelle der Verwandtschaft. Zwar war das Ganze als Witz gemeint, aber das ist das Wahrheitskörnchen, das dahinter gesteckt hat. Deutlicher wird die Idealisierung dieser Heiratsform auch noch dadurch, dass Ehemann und Ehefrau sich gegenseitig als Cousin und Cousine anreden, auch wenn diese Verwandtschaftsbeziehung gar nicht besteht. In später islamisierten Gesellschaften, die ursprünglich andere Heiratsregeln kannten, ist diese sogenannte Parallel-Cousinen-Heirat übernommen worden. Oft genug glauben Eltern Gründe zu haben, eine Tochter nicht mit ihrem Cousin zu verheiraten. Er ist vielleicht zu arm, zu dumm, zu unreif oder hat einen Ruf als Spieler und Trinker. Möglicherweise ziehen sie auch aus anderen Gründen einen anderen Bewerber vor.

Das Recht auf das Mädchen wird nicht von dem Cousin selbst, sondern von dessen Eltern erhoben. Wenn die Beziehung zwischen den beiden Familien angespannt ist, kommt es danach nicht zu einer Heirat. Um die unvorteilhafte Bewerbung eines Cousins abzulehnen, besteht aber auch die

Möglichkeit, dass die Eltern des Mädchens erklären, die beiden seien Milchgeschwister, zwischen denen eine Heirat nach islamischem Recht ausgeschlossen ist, d.h. dass die beiden Kinder aus einer Brust getrunken haben.

Es ist für die Elternfamilien wichtig, eine Kontrolle über die frisch geschlossene Ehe zu haben. So kann sowohl die Familie der jungen Frau als auch die Familie des jungen Mannes leichter Einfluß auf das Zusammenleben der Ehepartner nehmen und auch nach deren Heirat um das Wohlergehen der jungen Leute besorgt sein. Auch unter den Muslimen selbst gibt es unterschiedliche Meinungen zu dieser Eheform. Man kennt und nutzt bei Diskussionen unterschiedliche Interpretationen. Befürworter meinen, dass die Familie bei Streitigkeiten zwischen den Eheleuten einen ausgleichenden und mäßigenden Einfluß ausübt. Die Gegner führen dagegen an, dass diese Einmischung zu einer Verhärtung der Fronten führen kann und so die Gefahr besteht, dass die Verwandtschaft insgesamt in den Streit einbezogen wird. Ein anderes Argument dreht sich um den persönlichen Besitz der Frau. Die Befürworter der Bint-`Amm-Ehe meinen, dass in diesem Fall der Familienbesitz erhalten bleibt, während die Gegner betonen, dass eine Frau, die nicht aus der eigenen Verwandtschaft kommt, mit ihrem Besitz den der Familie vergrößert.

Diese oben erwähnte Cousin-Heirat hört sich für eine moderne europäische Frau eventuell fürchterlich grausam an, weil die Fremdbestimmung der Frau nach dem ersten Blick auf diese Zusammenhänge sich manifestiert. In Wahrheit ist die Situation so, dass beide, Mann und Frau, im zartesten Alter bereits auf diese zukünftige Bindung auf allen Ebenen vorbereitet werden. Diese frühe Vorbereitung sorgt dafür, dass keiner von den beiden, weder Mann noch Frau, das Gefühl einer Fremdbestimmung hätten. Ein weiterer Faktor kommt hinzu, nämlich der sexuelle Druck in der pubertären Phase beider. In der Atmosphäre, in der beide leben, gibt es absolut keine Möglichkeit, diesem oben erwähnten Druck entgegen zu wirken, deshalb warten beide sehnsüchtig auf den Hochzeitstag.

Im allgemeinen ist es bei den ersten Kontakten zwischen den Familien bei Eheleuten, die nicht miteinander verwandt sind, so, dass die Familie des jungen Mannes sich um die des Mädchens bemüht. Die ersten Besuche bei den Angehörigen der zukünftigen Braut dienen dem Zweck, dass die Mutter des jungen Mannes die „neue Tochter" kennen lernt. Das Essen, das sie bei der Familie des Mädchens erhalten, wird meistens von dem Mädchen selbst zubereitet, um die eigenen Haushaltsqualitäten ihrem zukünftigen Mann und seinen Verwandten unter Beweis zu stellen. Dies ist meistens der Fall bei gebildeteren Familien, wo sich die jungen Leute während des Studiums kennen gelernt haben oder bei irgendwelchen Veranstaltungen aufeinander trafen. Bei sippeninternen Verwandtschaften entfallen diese Prozeduren, weil die Qualitäten der beiden jungen Leuten jeweils den Angehörigen bekannt sind.

Was sagt der Islam zur Ehe? In Sure 24, Vers 32, ist das Ehegebot eindeutig manifestiert: „Und verheiratet diejenigen von euch, die (noch) ledig sind, und die Rechtschaffenen von euren Sklaven und Sklavinnen! Wenn sie arm sind (und sich nicht zutrauen, eine Familie zu ernähren), wird Gott sie durch seine Huld reich machen. Er umfaßt (alles) und weiß Bescheid."

Bei diesem Gebot ist ein exemplarisches Beispiel von Barmherzigkeit gegenüber den sozial Schwachen eingebettet. Man kann sogar eine Sklavin heiraten. Dadurch wird sie von der Sklaverei befreit. Sie muss allerdings „rechtschaffen" sein, d.h. die primären Qualitäten, die für die Ehe notwendig sind, dürfen nicht durch diese Barmherzigkeit außer acht gelassen werden. Die Heirat ist laut Sure 4, Vers 21, eine göttliche Verpflichtung für den Mann. „Wie könnt ihr es (denn wieder an euch) nehmen, wo ihr doch zueinander eingegangen seid und sie (d.h. die Gattinnen) eine feste Verpflichtung von euch entgegengenommen haben." Interessanterweise ist dieses Gebot an den Mann gerichtet und nicht an die Frau. Warum wohl? Der Mann darf die Frau genießen und durch diesen Genuß erhält sie spätestens nach neun Monaten ihre ihr von Gott auferlegte Aufgabe, nämlich die Kindererziehung. So gesehen ist eine gerechte Arbeitsteilung zwischen Mann und Frau gewährleistet. Der Ehemann muss vom ersten Tag der Ehe an für seine Gattin materiell sorgen, dafür ist sie für eine viel höhere Aufgabe verantwortlich, nämlich die Arterhaltung. Diese göttliche Bestimmung ist aber keine Parallele zum römisch-katholischen Sakrament der Ehe, das endgültig erst seit dem Konzil von Trient 1545-69 festgelegt wurde. Der Islam kennt keine Sakramente, denn der Mensch könnte mit der ihm von Gott gegebenen Freiheit niemals Gott in irgendeiner Form etwas anhaben.

Wen man heiraten darf, ist aus ethischen und sozialen Gründen koranisch in Sure 4, Vers 22-24 definiert: „22 Und heiratet keine Frauen, die (vorher einmal) eure Väter geheiratet haben, abgesehen von dem, was (in dieser Hinsicht) bereits geschehen ist! Das ist etwas Abscheuliches und hassenswert - eine üble Handlungsweise! 23 Verboten (zu heiraten) sind euch eure Mütter, eure Töchter, eure Schwestern, eure Tanten väterlicherseits oder mütterlicherseits, die Nichten, eure Nährmütter, eure Nährschwestern, die Mütter eurer Frauen, eure Stieftöchter, die sich im Schoß eurer Familie (w. in eurem Schoß) befinden (und) von (denen von) euren Frauen (stammen), zu denen ihr (bereits) eingegangen seid, - wenn ihr zu ihnen noch nicht eingegangen seid, ist es für euch keine Sünde (solche Stieftöchter zu heiraten) - und (verboten sind euch) die Ehefrauen eurer leiblichen Söhne.

Auch (ist es verboten) zwei Schwestern zusammen (zur Frau) zu haben, abgesehen von dem, was (in dieser Hinsicht) bereits geschehen ist. Gott ist barmherzig und bereit zu vergeben. 24 Und (verboten sind euch) die ehrbaren (Ehe)frauen, außer was ihr (an Ehefrauen als Sklavinnen) besitzt. (Dies ist) euch von Gott vorgeschrieben...." In Vers 22 und 23 sind die Ehen gemeint, die bereits vor dem Empfang dieser Sure abgeschlossen wurden. In Vers 24 hat die Befreiung der Frau von der Sklaverei die absolute Priorität.

Die Ehe mit einer/einem Ungläubigen ist verboten. Ein Muslim darf eine Christin oder Jüdin heiraten, weil der Islam die Angehörigen dieser beiden abrahamischen Religionen als Besitzer der Heiligen Schrift voll anerkennt. Ein Christ oder ein Jude darf insofern keine Muslimin heiraten, weil seine Religion den Islam als die jüngere abrahamische Religion nicht kennt und nicht akzeptiert. Von daher gesehen kann die muslimische Frau ihren religiösen Pflichten innerhalb ihrer Familie nicht nachkommen. Umgekehrt ist ein muslimischer Mann seiner jüdischen oder christlichen Frau gegenüber verpflichtet, ihr bei der Ausübung ihrer religiösen Vorschriften behilflich zu sein, d.h. er darf sie niemals daran hindern, ihre Religion auszuüben. Er ist eher verpflichtet, ihr Arbeiten abzunehmen, damit sie in die Synagoge bzw. in die Kirche gehen kann. Mit anderen Worten ist er vor Gott verpflichtet, ihren religiösen Weg zu erleichtern und niemals zu erschweren. Der Leser soll hier erkennen, dass das islamische Vorschriften sind und alles andere, was man z.T. in Europa bei Mischehen zwischen muslimischen Männern und christlichen Frauen an Schwierigkeiten sieht, hat mit dem Islam nichts zu tun. Es beruht vielmehr auf Unwissenheit beider Ehepartner.

Das Verbot für die Musliminnen, einen Juden oder Christen zu heiraten, hat seinen Ursprung in der medinensischen Zeit, in der die Anhänger des Propheten eine sehr kleine Minderheit darstellten und gegen die übermächtigen ungläubigen Mekkaner gekämpft haben. So kam das Heiraten einer Muslimin mit einem Nichtmuslim einem Hochverrat gleich. Da diese historische Situation jetzt nicht mehr gegeben ist und die Muslimin einen Nichtmuslim kennen lernt, der aber ihrer Religion gegenüber tolerant ist, so steht einer Heirat nichts mehr im Wege. Wir als Autoren kennen eine Menge Ägypter, die mit mir nach Deutschland kamen und deren muslimische Töchter mit Christen verheiratet sind, wobei sie glücklich miteinander leben. Es ist wichtig, dass man die Eigenschaften, die Gott uns mit auf den Lebensweg gegeben hat, koordiniert, d.h. im ethischen Rahmen, erfüllt, wobei die Zugehörigkeit zu irgendeiner Religion zunächst keine Rolle spielen sollte. Mit anderen Worten eine koordinierte eheliche Beziehung hat die Vorfahrt vor der religiösen Zugehörigkeit. Wie wichtig diese Beziehung ist, ist in Sure 30, Vers 21 manifestiert.

„Und zu seinen Zeichen gehört es, dass er euch aus euch selber Gattinnen geschaffen hat (indem er zuerst ein Einzelwesen und aus ihm das ihm entsprechende Wesen machte), damit ihr bei ihnen wohnet (oder: ruhet). Und er hat bewirkt, dass ihr (d.h. Mann und Frau) einander in Liebe und Erbarmen zugetan seid (w. er hat Liebe und Erbarmen zwischen euch gemacht). Darin liegen Zeichen für Leute, die nachdenken."

Das arabische Wort für „Barmherzigkeit, Gnade, Mitleid" „Rahma" übrigens ist eine Ableitung derselben Wurzel, von der das Wort für „Gebärmutter, Mutterleib" „Rahim" stammt. Dass Gott „der Barmherzige, der Allerbarmer" ist, zieht sich formelhaft versichernd durch den Koran.

Vers 34 der 4. Sure, oben für die vom Koran festgelegten Geschlechterrollen zitiert, enthält darauffolgend die Weisung: „...Und wenn ihr fürchtet, dass (irgendwelche) Frauen sich auflehnen, dann vermahnt sie, meidet sie im Ehebett und schlagt sie! Wenn sie euch (daraufhin wieder) gehorchen, dann unternehmt (weiter) nichts gegen sie! Gott ist erhaben und groß." Diese Aussage darf ein verständiger muslimischer Ehemann niemals wörtlich nehmen. Hier haben wir es mit einer göttlichen Didaktik bzw. mit einer göttlichen Vorgehensweise des Höchsten Lehrers zu tun, nämlich Gott. Laut dieser koranischen Aussage weiß jede vernünftige Ehefrau, was sie konkret im Falle eines Ungehorsams erwartet. So wird sie unbewusst gerade solche Situationen möglichst meiden, da die harte Strafe koranisch manifestiert ist. Der Ehemann weiß, dass er, bevor er aus diesem Recht Gebrauch macht, vor Gott verpflichtet ist, „Rahma" bzw. Barmherzigkeit seiner Frau gegenüber walten zu lassen. Das ist die eigentliche indirekte Aufgabe dieses Verses. Sie liegt also im Bereich des Vorbeugens. Natürlich gibt es unvernünftige muslimische Männer, die meinen, sie müssen beim geringsten Fehler der Frau sofort zuschlagen. Dieser Vers will uns zeigen, dass die eheliche Bindung wichtiger ist als jeder der Ehepartner. Man denke an den Ehemann, der seine Hand gegen seine Frau erheben will und was das in Wahrheit für Überwindungskraft kostet! Von daher gesehen will Gott uns, sowohl Mann als auch Frau, zeigen, dass diese Bindung wichtiger ist als jeder einzelne.

Eine Bestätigung für unsere Aussage stellt Vers 35 derselben Sure dar:

„Und wenn ihr fürchtet, dass es zwischen einem Ehepaar (w. zwischen den beiden) zu einem (ernsthaften) Zerwürfnis kommt, dann bestellt einen Schiedsrichter aus seiner und einen aus ihrer Familie (um zu vermitteln)! Wenn die beiden sich (dann) aussöhnen wollen, wird Gott ihnen zu ihrem (weiteren) Zusammenleben (in der Ehe) Gelingen geben. Er weiß Bescheid und ist wohl (darüber) unterrichtet (was ihr tut."

Wie würde das Bild eines Mannes, der seine Frau vorher geschlagen hat, bei dieser Begegnung aussehen? Die Praxis zeigt tatsächlich, dass die Anzahl derjenigen, die von solchen Verhandlungen Gebrauch machen, viel größer ist als bei den anderen, die gleich zuschlagen. In Anbetracht der Tatsache, dass in den islamischen Ländern hinter jeder Frau eine ganze Sippe an Verwandten steht, wird der Mann meistens psychologisch daran gehindert, seine Frau zu schlagen. Dass Gott die Aussöhnung beider will und somit beide in Gottes Interesse handeln, ist auch im selben Vers manifestiert.

Was die Scheidung anbetrifft, so gibt es zahlreiche koranische Verfügungen zum „Talaq" bzw. der Verstoßung oder auch Freisetzung der Frau. Der Koran hat in solchen Fällen die Situation wesentlich verbessert. In der Traditionsliteratur heißt es: „Unter den erlaubten Dingen ist der Talaq das, was Gott am verhasstesten ist."

Das Islamische Recht kennt die vier wertenden Kategorien „Empfohlen, erlaubt, verwerflich, verboten".

Tatsächlich ist nach der Schari'a, d.h. Gesetzesweg, ein Mann jederzeit und ohne Angabe von Gründen, ohne Hinzuziehung eines Richters, ja in ihrer Abwesenheit, berechtigt, seine Frau zu verstoßen. Er muss(te) „nur" eine bestimmte Formel - hier gibt es Varianten in der Wortwahl - dreimal hintereinander zu einer Zeit aussprechen, in der die Frau nicht menstruierte. Hierfür gibt es folgende Begründung in Hadith Nr. 5251 nach Buchari: „...

'Abdullah Ibn 'Umar, Gottes Wohlgefallen auf beiden, berichtete, dass er zur Zeit des Gesandten Gottes, Gottes Segen und Friede auf ihm, die Scheidungserklärung von seiner Frau sprach, während sie ihre Monatsregel hatte. Da fragte (sein Vater) 'Umar Ibn Al-Hattab den Gesandten Gottes, Gottes Segen und Friede auf ihm, und der Gesandte Gottes, Gottes Segen und Friede auf ihm, sagte: "Befehle ihm, dass er sein eheliches Verhältnis mit seiner Frau wieder herstellt und mit ihr solange wie üblich lebt, bis sie von ihrer Regel frei ist. Dann soll er solange warten, bis sie ihre Regel wieder hat und dann davon wieder frei wird. Hier dann kann er die Entscheidung darüber treffen, ob er die Ehe mit ihr aufrecht erhält, oder sich für die Scheidung entscheidet, bevor er sie berührt. Dies ist die Wartezeit für die Frau, welche Gott für ihre Scheidung vorgeschrieben hat." Ein Erklärung hierfür lautet: „Mit dieser Maßnahme soll eine emotionelle Entscheidung vermieden werden, welche eventuell dadurch entstehen könnte, dass der Mann, der in Wirklichkeit seine Frau begehrt, durch Kurzschlußhandlung deshalb verärgert reagiert, weil Monatsregel, Erkrankung, Wochenbett, oder ähnliche Umstände im Weg zur Befriedigung seiner Begierde standen." [BU:1025]

Dieser Hadith fußt auf Vers 1 der 65. Sure: „Prophet! Wenn ihr Frauen entlaßt, dann tut das unter Berücksichtigung ihrer Wartezeit, und berechnet die Wartezeit (genau)! Und fürchtet Gott, euren Herrn! Ihr dürft sie nicht (vor Ablauf ihrer Wartezeit) aus ihrem Haus ausweisen, und sie brauchen (ihrerseits) nicht (vorher) auszuziehen, es sei denn, sie begehen etwas ausgesprochen Abscheuliches. Das sind die Gebote Gottes…"

Dann muss die Frau das Haus des Mannes verlassen und zu ihrer Familie zurückkehren. Interessanterweise spielt diese Wartezeit im Grunde genommen die Rolle einer Besinnungszeit. Sie sorgt meistens dafür, dass der

Mann seine Handlungsweise überdenkt. Von daher gesehen wird eine Affekthandlung ausgeschlossen.

Diese Form des Talaq gilt islamisch als „verwerflich", wobei sie in der vorislamischen Zeit eine ethnische Tradition war, die die islamische Glaubenslehre mit übernehmen musste, allerdings wurde sie durch die Glaubenslehre verfeinert. Doch gab es sie. Im Normalfall hat der Mann die Formel jeweils im Abstand von vier Wochen in einer Zeit zu äußern, in der die Frau nicht menstruiert. Verbindlich wird sie erst beim dritten Mal. Durch den Koran eingeführt wurde die „Wartezeit" der Frau (s.o.). Sie muss vor einer Neuheirat drei Perioden warten, damit deutlich wird, ob sie ein Kind erwartet. Dazu heißt es in Sure 2, Vers 228: „Die Frauen, die entlassen sind, sollen ihrerseits drei Perioden abwarten. Und es ist ihnen nicht erlaubt, zu verheimlichen, was (etwa) Gott (als Frucht der vorausgegangenen Ehe) in ihrem Schoß geschaffen hat, wenn (anders) sie an Gott und den jüngsten Tag glauben. Und ihre Gatten haben ohne weiteres das Recht, sie darin (d.h. während der Wartezeit) zurückzunehmen, wenn sie eine Aussöhnung herbeiführen wollen. Die Frauen haben (in der Behandlung von Seiten der Männer) dasselbe zu beanspruchen, wozu sie (ihrerseits den Männern gegenüber) verpflichtet sind, (wobei) in rechtlicher Weise (zu verfahren ist). Und die Männer stehen (bei alledem) eine Stufe über ihnen. Gott ist mächtig und weise."

Die Wiederheirat einer Geschiedenen war und ist im Islam - im Gegensatz etwa zum jüdischen, katholischen und anglikanischen Eherecht - sehr leicht.

Frauen hatten im vorislamischen Arabien und haben im Islam die Möglichkeit, sich durch die Rückgabe der Brautgabe „freizukaufen". In den

Ehevertrag konnten/können Schutzklauseln aufgenommen werden, meist die, dass ein Teil, oft der größere, der Brautgabe vom Mann erst bei einer Verstoßung zu entrichten ist, außerdem, dass die Frau unter bestimmten Umständen, etwa wenn der Mann eine zweite Frau dazuheiraten wollte, auch wenn er sie schlug, die Scheidung von ihm fordern konnte. Generell hat nach der Mehrheit der vier Rechtsschulen die Frau das Recht, vom Richter die Scheidung zu verlangen, wenn sie nachweisen kann, dass ihr Mann länger abwesend, zum Unterhalt nicht in der Lage, inhaftiert, geistesgestört oder impotent ist.

Wie man sieht hat in der vorislamischen Zeit der Mann das Recht, die Frau zu verstoßen. Dieser Tatbestand wurde islamisch so verfeinert, dass es für die Frau gar keine Nachteile gibt, d.h. falls ein Kind unterwegs ist, so ist es eindeutig durch diese islamischen Vorschriften, von welchem Vater das Kind abstammt. Die Annahme der Scheidung von männlicher Seite liegt darin, dass es sinnlos ist, einen Mann zu zwingen, mit einer Frau bis ans Lebensende leben zu müssen, wie das die katholische Kirche vorsieht. Dieses Recht hat genauso die Frau erhalten, um die Gleichheit zwischen beiden zu manifestieren.

In Reformen zum Familienrecht - meist seit den fünfziger Jahren - wird festgelegt, dass eine Scheidung grundsätzlich vor Gericht zu erfolgen hat, dass ein Mann, der eine zweite Frau dazuheiraten will, die erste darüber zu informieren und vor Gericht nachzuweisen hat, dass er zum Unterhalt einer zweiten Frau fähig ist. Frauen haben mehr Rechte, eine Scheidung zu verlangen, im Irak etwa seit der Novelle von 1978 auch bei Untreue des Mannes. Ob sie es tun, hängt vom Sozialstatus einer Geschiedenen ab. Unzulänglich geregelt ist bis heute in den meisten Ländern das Unterhaltsrecht für eine Geschiedene. In Ägypten herrscht die ganze Zeit, auch in der Zeit der englischen Herrschaft, das französische Zivilrecht. Dies gilt auch für die nordafrikanischen arabischen Länder. Es ist das Traumziel der Fundamentalisten, das islamische Recht auf allen sozialen Ebenen einzuführen und gerade im Eherecht, weil man meint, dass dies für die Männer viel besser sei. Leider hält man sich meistens an die oberflächliche Bedeutung der Koranverse. Statt die eigentliche Intention der islamischen Glaubenslehre zu beachten, alle Probleme mit Vernunft und Liebe vor allem unter Berücksichtigung Gottes in der Handlungsweise anzugehen, stellt man sich über die Frau wie oben bereits erwähnt und genau das ist es nicht, was Gott gemeint hat.

Das Sorgerecht für Söhne, bis sie sieben Jahre alt sind, bei Mädchen bis zur Pubertät, hat die Frau. Heiratet die Frau wieder, fällt es an den Vater, der ohnehin der Vormund bleibt.

c) Der alltägliche Umgang zwischen Mann und Frau in ethnischer und islamischer Tradition

Der Begriff „Harem" ist eine landläufige Bezeichnung für die Frauen in den arabisch-islamischen Ländern. „Haram" ist das arabische Wort für etwas, das sowohl moralisch als auch religiös verboten ist. Ein Beispiel dafür ist die Bezeichnung für das Heiligste der Muslime in Mekka. Die Zone um das schwarze würfelähnliche Gebäude, die Kaaba, hat den Namen „Al-Haram El-Scharif", das bedeutet, „das ehrenvolle Verbotene", d.h. in diesem Bereich darf man nur die vorgeschriebenen Riten ausführen, sonst nichts. Hier liegt eine Parallele zum Umgang mit dem weiblichen Geschlecht vor. Aus diesem Grund wird der Bereich im Haus, in dem sich das weibliche Geschlecht aufhält, also die Ehefrau(en) eines Mannes, seine Mutter, seine Töchter, unverheiratete Schwestern und deren Sklavinnen, auch, solange es die Sklaverei gab, also meist bis ins ausgehende 19., beginnende 20. Jahrhundert, die Sklavinnen des Mannes, mit „Harem" bezeichnet.

Nach traditioneller ethnischer Vorstellung ist der Mann als Familienvorstand für die Wahrung der Ehre seiner weiblichen Angehörigen verantwortlich. Diese Ehre kann in ihnen und durch sie am stärksten verletzt werden. So hatten jahrhundertelang zum Harem eines Hauses außer dem Ehemann und Vater nur dessen Söhne, die ihre Frauen in ihn einbrachten, männliche Verwandte und Diener Zutritt, die für eine Ehe nicht infrage kamen. Diese Teilung der Häuser in „Männer"- und „Frauenregionen" gab es aber in der städtischen Gesellschaft auch bei Christen und Juden. Allenfalls ein männlicher Arzt durfte einen Harem betreten, bis ein Medizinstudium für Frauen offiziell gestattet war.

Als Verfasser dieses Buches erinnere ich mich noch genau an die Generation meiner Mutter und vor allem an deren Tugend. Es galt für eine würdige Frau, sich niemals aus dem Haus zu begeben, höchstens für dringend notwendige Angelegenheiten, z.B. für den Besuch der Eltern und das nur in männlicher Begleitung von Verwandten, wenn der eigene Ehemann verhindert war. Außerdem hat eine würdige Frau eigene Bedienstete, die die Hausarbeit unter ihrer Aufsicht machen sowie die Einkäufe erledigen. Die Frauen, die aus finanziellen Gründen diese Möglichkeit nicht hatten, mussten von ihren Töchtern bedient werden und die Einkäufe wurden meistens von den Söhnen erledigt. Sind noch keine Kinder vorhanden oder haben sie als Erwachsene das Elternhaus bereits wieder verlassen, erledigte die Frau die innerhäusliche Arbeit selbst (was man nach außen hin nicht sehen konnte) und für außerhäusliche Besorgungen wurde die Hilfe von Kindern in der Nachbarschaft beansprucht.

Das Ansehen der Frau war für sie so wichtig, dass der Blick eines fremden Mann auf sie für sie eine große Schande war. Wenn sie niemanden hatte, der für sie Einkäufe erledigen konnte, ließ sie einen Korb mit Hilfe eines Seils vom Fenster auf die Straße zum Straßenhändler hinab und entsprechend der im Korb vorhandenen Geldsumme bekam sie dafür die Warenmenge.

Als religiöse Rechtfertigung der Geschlechtertrennung dienten Koranverse, die zunächst die Frauen des Propheten und seine Töchter betrafen. In Sure 33, Vers 53, heißt es: „Ihr Gläubigen! Betretet nicht die Häuser des Propheten, ohne dass man euch (wenn ihr) zu einem Essen (eingeladen seid) Erlaubnis erteilt (einzutreten), und ohne (schon vor der Zeit) zu warten, bis es so weit ist, dass man essen kann! Tretet vielmehr (erst) ein, wenn ihr (herein)gerufen werdet! Und geht wieder eurer Wege (w. geht (in alle Himmelsrichtungen) auseinander), wenn ihr gegessen habt, ohne zum Zweck der Unterhaltung auf Geselligkeit aus zu sein (und sitzen zu bleiben)! Damit fallt ihr dem Propheten (immer wieder) lästig (w. Damit fügt ihr dem Propheten (immer wieder) Ungemach zu). Er schämt sich aber vor euch (und sagt nichts). Doch Gott schämt sich nicht, (euch hiermit) die Wahrheit zu sagen (w. Gott schämt sich nicht vor der Wahrheit). Und wenn ihr die Gattinnen des Propheten (w. sie) um (irgend) etwas bittet, das ihr benötigt, dann tut das hinter einem Vorhang! Auf diese Weise bleibt euer und ihr Herz eher rein (w. Das ist reiner für euer und ihr Herz). Und ihr dürft den Gesandten Gottes nicht belästigen und seine Gattinnen, wenn er (einmal) nicht mehr da ist, in alle Zukunft nicht heiraten. Das würde bei

Gott schwer wiegen (w. Das wäre bei Gott gewaltig)." Dieser Vers beinhaltet die „Kniggevorschriften" für die damalige Zeit. Die Stelle, in der es heißt: „Und wenn ihr die Gattinnen des Propheten (w. sie) um (irgend) etwas bittet, das ihr benötigt, dann tut das hinter einem Vorhang! Auf diese Weise bleibt euer und ihr Herz eher rein (w. Das ist reiner für euer und ihr Herz)" ist sehr bezeichnend für die Allwissenheit Gottes. Welcher Mechanismus fungiert unbewusst im tiefsten Innern eines Mannes in der Begegnung mit einer fremden Frau? Wie jeder, der im Biologieunterricht gut aufgepasst hat, weiß, stellt die Arterhaltung eine der elementarsten Eigenschaften beider Geschlechter dar. Noch bemerkenswerter ist die Tatsache, dass für solche elementare lebenswichtige tief verwurzelte Eigenschaften des Menschen das Stammhirn verantwortlich ist. Die äußere Hirnrinde, die für das Denken und die Vernunft zuständig ist, kam wesentlich später. Interessanterweise hat der Hirnstamm des Mannes beim Augenkontakt mit einer Frau für Bruchteile von Sekunden die völlige Herrschaft über den Geist des Mannes. In dieser kurzen Zeit wird die Frau in bezug auf die Arterhaltung „sexuell" auf ihre Tauglichkeit geprüft. Diese Aussagen mögen für ein Individuum, das in der heutigen Zeit lebt, beinahe unglaubwürdig sein. Diese Tatsache hängt damit zusammen, dass man heutzutage so viele weibliche Gesichter täglich sieht und somit kaum auf solche Gedanken kommt. In der vorislamischen Zeit war der Anblick eines weiblichen Wesens so selten, und das gepaart mit dem sexuellen Druck gerade bei unverheirateten Männern, so dass die Qualität des gierigen Blickes des Mannes unter der Würde einer jeden Frau war. Das ist genau das, was man heute mit „kess, anziehend,..." bezeichnet. Hierin liegt keine bewusste Intention des Mannes, es ist vielmehr das „Tier" im Menschen, das hier voll zum Zuge kommt. Das Gefährliche hierbei ist, dass man sich als Mann immer wieder dieses Gesicht vergegenwärtigt und das kann sogar so weit gehen, dass man während des sexuellen Akts mit der eigenen Ehefrau oder Partnerin dieses vorher gesehene Antlitz vor Augen hat.

Zu diesen Erkenntnissen gelangt man als Muslim, wenn man geistig sehr sensibel und zu sich und seiner eigenen Ehefrau absolut offen ist. Meine Frau und ich haben stundenlang über diese Mechanismen der Blickkontakte diskutiert, bis wir gemeinsam zu diesem Ergebnis kamen. Eine sehr wichtige Erkenntnis ist die Tatsache, dass die Baustruktur des Gehirns doch das menschliche Verhalten widerspiegelt, erst recht im Bereich des Unterbewussten. Mit anderen Worten, das „Tier" in uns bricht, wenn auch nur für Bruchteile von Sekunden, aus und kein anderer weiß das besser als der Schöpfer.

Soll ich in der Tat als Mann jetzt mit einem Schal in der Hand herumlaufen, um die Blickkontakte mit anderen Frauen zu meiden? Nein, die Bewusstwerdung solcher Vorgänge im Geiste stellt den besten Schal für einen Blickschutz dar. Berücksichtigt man den Wissensstand über solche biologische Vorgänge in der Zeit des Propheten, d.h. in der 1. Hälfte des 7. Jahrhunderts, so blieb der Heiligen Schrift nichts anderes übrig als konkrete Verhaltensmuster für muslimische Männer zu geben. Folgender Vers 55 derselben Sure ist ein Beweis für diese Vorgehensweise. „Es ist keine Sünde für sie (d.h. für die Gattinnen des Propheten) (ohne Vorhang mit Männern zu verkehren), wenn es sich um ihren Vater, ihre Söhne, ihre Brüder, die Söhne ihrer Brüder und ihrer Schwestern, ihre Frauen (d.h. die Frauen, mit denen sie Umgang pflegen?) und ihre Sklavinnen handelt. Fürchtet Gott (ihr Frauen)! Er ist über alles Zeuge."

Nicht umsonst erhielt der Mensch den Geist von Gott lange vor seinen Offenbarungen, d.h. ich muss mit dem Verstand an die Offenbarung Gottes herangehen. Jede andere Vorgehensweise ist ihrer unwürdig.

Inwiefern der Mann wirklich innerhalb der Interaktion mit der Frau das Sagen hat, zeigt der folgende Abschnitt aus dem Bereich der eigenen Erfahrungen.

Das Interessanteste dabei für mich als Ägypter war, dass familienintern der Mann wenig zu sagen hatte. Ich vergesse nie, dass am Anfang jedes Monats mein Vater ein Bündel an Geld in den Schoß meiner Mutter geworfen hat und am nächsten Tag stand er als letzter in der Reihe meiner Geschwister, um sein „Taschengeld" bei ihr abzuholen. Andererseits war bei Gesprächen zwischen meiner Mutter und fremden Frauen mein Vater die allerwichtigste Person. Jeder dritte Satz lautete: „Ich muss zuerst meinen Mann fragen." Meistens habe ich mich köstlich amüsiert, nachdem ich feststellte, dass sie ihn nur über etwas, das sie vorhatte, informierte. Von einer Fragenstellung war keine Rede. Diesen Mechanismus habe ich als kleiner Junge fast bei allen Familien meiner Freunde beobachtet. In Wahrheit hat jede Frau das gute Ansehen ihres Mannes nach außen hin viel mehr gebraucht als der Mann selbst.

Die schönste Unternehmung, an der nur Frauen und Kinder teilnehmen, ist der Friedhofsbesuch. Jede Familie, zumindest in Ägypten, hatte auf dem Friedhof einen eigenen Raum, der nach außen hin abschließbar ist. In diesem Raum gibt es eine Treppe, die zu einem weiteren unterirdischen größeren Raum führt. In dessen Wänden befinden sich zylinderförmige Öffnungen, in die die Toten eingelassen wurden. Danach werden die Öffnungen wieder vermauert. Die Frauen trafen sich meistens nur im oberen Raum vor allem bei offiziellen Feiertagen oder religiösen Festen. Dies war auch die Gelegenheit für Koranrezitatoren, Geld zu verdienen, denn die Frauen holten einen Koranleser, der ein paar Verse aus dem Heiligen Buch rezitierte und belohnten ihn dafür mit Geld und manchmal Essen. Diese

Friedhofsbesuche der Frauen geschahen offiziell nach außen hin zum Andenken an die Toten, aber in Wahrheit war das die Gelegenheit, untereinander Gedanken auszutauschen oder auch zu tratschen, je nach sozialem Niveau. Man könnte hier sagen, dass dies eine Analogie zu einer „Party ohne Männer" ist. Die Frauen nahmen alles Notwendige an Essen und Decken zum Schlafen für einen mehrtägigen Aufenthalt mit. Ich durfte als sieben-, achtjähriger Junge zwar mitgehen, aber meistens haben mir die Toten in der unterirdischen Friedhofskammer leidgetan. Diese Unternehmung war eine Domäne der Frauen, die von keinem einzigen Mann angetastet werden durfte.

d) Die Bedeutung des Kinderreichtums als Schutzinstrument für die Frau

Nachdem der Mann gemerkt hat, dass seine Frau aufgrund ihrer Beschneidung nicht zu befriedigen ist, erhält sie unbewusst bei ihm die Funktion des Abbaus von sexuellem Druck. Da die Frau unbewusst weiß, dass sie nicht leicht zu befriedigen ist, wird die Sexualität eine Nebensächlichkeit in der Beziehung zu ihrem Mann. Wichtig dabei für sie ist, dass sie weiß, dass der Mann befriedigt ist und keine Veranlassung hat, eventuell fremdzugehen.

Als Ersatz für das durch die Verstümmelung geraubte sexuelle Glück gilt dann für sie, ihre Rolle als Mutter auszuleben. Abgesehen davon wird das Kind für die Mutter zum Zentrum ihres Glücks überhaupt. Der Mann fungiert dann als Beschaffer der sozialen Sicherheit, wobei sich ihr Bedürfnis danach durch die Geburt des ersten Kindes potenziert. Glücklicherweise erhält der Mann hier eine gewisse Wichtigkeit, die ihm seine Frau unbewusst vermittelt und das tut andererseits seiner beschädigten Männlichkeit gut.

Schon in der Phase der Schwangerschaft mit dem ersten Kind sieht der Mann in seiner Frau weniger das sexuelle Objekt, sondern erkennt irgendwo eine Parallele zu seiner Mutter in ihr. Mit anderen Worten, er wird, ob er will oder nicht, in gewisser Weise zu einem Kind umfunktioniert. Da die bedeutende Stellung der Mutter in diesen hierarchischen Gesellschaften eine ethnische Tradition ist ganz unabhängig von der Religion und schon bereits vor Abraham eine sehr wichtige, fast heilige ist, kommt das der Beziehung Mann-Frau zugute. Der Islam, der am Anfang des 7. Jahrhunderts gekommen ist, hat diese Position der Frau als Mutter moralisch und religiös sehr stark angehoben.

Vor allem der Mann kann mit erhobenem Haupt durchs Leben gehen, da er der ganzen Welt bewiesen hat, dass er doch zeugungsfähig ist und das war genau das Problem, das ihn die ganze Zeit nach dem ersten sexuellen Kontakt mit seiner Frau beschäftigte. Beide, Mann und Frau, dürfen nach der Geburt des ersten Kindes eine völlig neue Qualität der Interaktion miteinander genießen, wenn nicht die neue wirtschaftliche Lage der eigenen Familie wäre. Vorher waren sie zu zweit und jetzt sind sie zu dritt und mit tödlicher Sicherheit werden sie bald zu viert, zu fünft... sein. Diese Vorstellung führt zu einer völlig neuen Situation.

Unter den Frauen gilt allgemein der Spruch: „Schneide die Federn der Mannesflügel, damit er nicht wegfliegen kann." Das bedeutet, dass je mehr Kinder die Frau hat, umso schwieriger es für den Mann ist, sich von ihr scheiden zu lassen. Deshalb sind die Frauen bemüht, möglichst viele Kinder zu produzieren unter dem Vorwand und das gerade in ländlichen Gebieten, dass diese Kinder später die Alterssicherung für die Eltern sind und um deren Ernährung sich niemand sorgen muss, denn Gott sorgt schon für sie, genau so wie er sich um die Ernährung der Vögel kümmert. Der Anspruch der Kinder auf Bildung kommt leider an zweiter Stelle. Hier wird der islamische Begriff „Kismet", was „Anteil" bedeutet, in den Vordergrund gestellt. Dass diese Vorgehensweise alles andere als islamisch ist, soll in diesem Zusammenhang dahingestellt sein. Korrekterweise muss der Mensch zunächst das Seinige tun, bevor er mit Gott rechnet. Von daher gesehen ist diese Vorgehensweise absolut falsch. Man geht davon aus, dass alles bereits von Gott festgelegt ist und man bräuchte das Eigene nicht mehr zu tun. Hier liegt ein Missbrauch der Religion eindeutig vor, denn islamisch heißt es korrekt vom Propheten ausgesprochen: „Binde dein Kamel, bevor du mit Gott rechnest!" d.h. Mensch, tue zuerst einmal das Deinige, bevor du mit Gott rechnest! So gesehen würde eine ländliche Frau maximal ein bis zwei Kinder zur Welt bringen. Diese Anzahl wäre aber für sie keine Garantie dafür, dass ihr Mann bei ihr bleibt.

3. Die aktuelle Situation der Frau im Prozeß der Identitätsfindung in der Nachkolonialzeit

Nach der glorreichen Zeit der Muslime, die dank der islamischen Glaubenslehre machbar war, hier ist die Maurenzeit auf der Iberischen Halbinsel von 711 – 1492 gemeint, setzte eine andere Entwicklung im Nahen Osten ein. Dank muslimischer Chemiker, Ärzte, Astronomen, Mathematiker und Geographen blieb das Wissen der griechischen Wissenschaften vom 9. bis 14. Jahrhundert lebendig, wurde von ihnen erweitert und sie legten damit die Fundamente der heutigen Wissenschaften. Die islamischen Wissenschaftler beschäftigten sich nicht nur mit dem materiellen Umfeld des Menschen. Sie analysierten auch sein geistiges Wesen und die Gesellschaft, in der er lebte. Ihr Können drang zu unseren Vorfahren im Westen, wo man buchstäblich noch im finsteren geistigen Mittelalter verharrte während in den Ländern des Islam der Geist der Forschung in Blüte stand.

In diesen 781 Jahren der Muslime auf der Iberischen Halbinsel, man spricht hier von der einzigen Phase des Goldenen Zeitalters der drei abrahamischen Religionen, wurde das Fundament des heutigen Fortschritts in Europa auf naturwissenschaftlicher, mathematischer und philosophischer Ebene geschaffen und dies alles dank der islamischen Toleranz gegenüber den beiden anderen abrahamischen Religionen Judentum und Christentum, die im folgenden koranischen Vers manifestiert ist. „Sagt: 'Wir glauben an Gott und (an das), was (als Offenbarung) zu uns, und was zu Abraham, Ismael, Isaak, Jakob und den Stämmen (Israels) herabgesandt worden ist, und was Mose und Jesus und die Propheten von ihrem Herrn erhalten haben, ohne dass wir bei einem von ihnen (den anderen gegenüber) einen Unterschied machen. Ihm sind wir ergeben." (Sure 2, 136)

Die oben erwähnte negative Entwicklung begann mit der osmanischen Herrschaft im Jahr 1301. In dieser Phase setzte ein Prozeß des Identitätszerfalls der von den Osmanen beherrschten Länder ein. Alles Türkische auf allen Ebenen des Lebens bekam auf einmal die Rolle des Vorbilds. Obwohl die Türken Muslime waren, verursachten sie trotzdem eine gewisse Unsicherheit auf der ethnischen Ebene. Man bedenke, dass diese Völker häufiger solche Prozesse in ihrer Geschichte mitgemacht haben. Man denke beispielsweise an Ägypten. Zuerst war dort die altägyptische Kultur, die später durch Griechen und Römer beeinflusst wurde und in der Zeit der römischen Herrschaft erkannten die altägyptischen Priester, dass die weltliche an die Römer verloren ging. Deshalb griffen sie zur neuen geistigen Macht, die in Jerusalem aufkam, das Christentum. Sie begründeten im Jahr 73 nach Christus die erste Kirche der Welt überhaupt, die Koptische Kirche. In den Jahren 640-42 kamen die Araber unter dem Feldherrn Amr ibn El-As nach Ägypten. In dieser Zeit war der koptische Papst in die ägyptische westliche Wüste geflohen, weil die griechisch-orthodoxe Kirche sich die koptische Kirche einverleiben wollte. Amr ibn El-As holte den koptischen Papst aus seinem Versteck und sagte ihm, er solle seines Amtes walten, wobei ihn die Muslime unterstützen würden. So hat die koptische Kirche überlebt. Mit dem Aufkommen des Islam war die überwiegende Mehrheit der Ägypter muslimisch geworden. An dieser Stelle muss erwähnt werden, dass es die freie Entscheidung der Bevölkerung war, den Islam anzunehmen, weil die Juden und Christen zu den Besitzern der Heiligen Schrift gehören. Als eine exemplarische Bestätigung für die koranischen Aussagen soll folgender Koranvers zitiert werden: „Diejenigen, die glauben (d.h. die Muslime), und diejenigen, die dem Judentum angehören, und die Sabier und die Christen, - (alle) die, die an Gott und den jüngsten

Tag glauben und tun, was recht ist, brauchen (wegen des Gerichts) keine Angst zu haben, und sie werden (nach der Abrechnung am jüngsten Tag) nicht traurig sein" (Sure 5, 69). Der ethnische Einfluß fremder Völker war in den meisten islamischen Ländern sehr häufig. Solange aber eine gewisse Ähnlichkeit in der kulturell-ethnischen Sphäre vorhanden war, führte das zu einer geistigen Bereicherung der beherrschten Völker. Natürlich hat es unter den Ungebildeten kleinere Gruppierungen gegeben, die an dem, was bisher eigen war, sich krampfhafter festhielten. Diese waren jedoch glücklicherweise für die gesamte Entwicklung unbedeutend.

Die Konfrontation mit den expandierenden Kolonialstaaten Frankreich und England seit Beginn des 19. Jahrhunderts, in der Türkei bereits früher, zwang die einheimischen Machteliten, die ihre Positionen wahren wollten, ebenso wie die damals kleine Schicht der Intellektuellen zum Überdenken der eigenen Situation.

Die widersprüchlichen Eindrücke, die die „Französische Expedition", die Besetzung Ägyptens durch die Truppen Napoleons 1798-1801, bei der Kairoer Bevölkerung hinterließ, schildert der ägyptische Historiker Al-Dschabarti als Zeitzeuge im letzten Band seines 4-bändigen Geschichtswerks. Über den 5-jährigen Aufenthalt der ersten Studiendelegation von Angehörigen der ägyptisch-türkischen Oberschicht in Paris 1826-31 und das, was er für sein Land besonders an Bildungsinstitutionen vorbildlich fand, berichtet der Begründer der sozialen Reformbewegung in Ägypten Rifā'a at-Tahtāwi (1801-1873). Hier wird deutlich, wie vieles damals schockierend neu für die Ägypter war.

Die Auseinandersetzung mit dem überkommenen Erbe einerseits, mit dem zunächst vor allem aus Westeuropa einströmenden neuen Gedankengut, etwa dem der Französischen Revolution, andererseits hatte in längeren und vielschichtigen Prozessen Umstrukturierungen, Reformen, meist von oben, also durch die jeweilige Regierung, und Neuerungen zur Folge. In der Wirtschaft löste die Industrialisierung mit ihren sozialen Folgeerscheinungen allmählich Manufakturen und häusliche Produktion ab. Die Einführung des Buchdrucks seit dem 17. Jahrhundert wurde eine Basis für die Popularisierung von Bildung. Er machte nicht nur das Kursieren von Büchern, sondern auch die Gründung von Zeitungen und Zeitschriften möglich, die aktuelle Themen, schon aus Zensurgründen vorwiegend soziokulturelle, nicht politische, debattierten, stärker seit ca. 1870. Durch Übersetzungen des europäischen Gedankenguts wurde bisher unbekanntes Wissen vermittelt, dann auch neue literarische Formen, die über andere Lebens- und Denkweisen informierten. Ausbildungseinrichtungen nach europäischen Vorbildern zunächst für Militärs, Verwaltungsbeamte, Mediziner wurden gegründet. Das Schulwesen wurde insgesamt langsam erweitert, säkularisiert und ausgebaut.

Für die erste staatliche „Berufsschule" für Frauen, eine 1832 gegründete Hebammenschule in Kairo, wurden 1836 die Schülerinnen unter äthiopischen (also wohl christlichen) Dienst- und Waisenmädchen rekrutiert, denn ein muslimischer Familienvater hätte es als unehrenhaft empfunden, eine seiner Töchter zur Ausbildung dorthin zu schicken. Bis heute noch sind die meisten Hausmeister und Arbeiter für niedere Dienste schwarzhäutige Männer, die aus schwarzafrikanischen Ländern, zumeist aus dem Sudan, stammen.

Den Schülerinnen wurde ein Ehemann, ausgewählt aus Absolventen einer mittleren medizinischen Fachschule, versprochen, zudem lebenslang eine Wohnung und ein Esel als Transportmittel. Die erste staatliche Mädchenschule wurde in Ägypten 1873, noch gegen starke Widerstände konservativmuslimischer Kreise gegründet, 22 Schulen im Irak, um nur einige Beispiele zu nennen, 1898, in Teheran 1918, in Bahrein 1928, in den Emiraten 1955, in Saudi-Arabien 1956, in Oman 1970 mit der Einführung der allgemeinen Schulpflicht. Mädchenschulen christlicher Missionen gab es in verschiedenen Städten und Regionen schon länger vorher.

Die ersten Frauenzeitschriften erschienen in Ägypten seit 1892. Die 1910 gegründete erste iranische Frauenzeitschrift hatte den programmatischen Titel „Wissen". Nach 1900 gründeten Frauen aus Oberschichtfamilien Wohltätigkeits- und Bildungsvereine. Die ersten politischen Frauenorganisationen wurden nach dem Ersten Weltkrieg ins Leben gerufen. Sie kämpften für Reformen des Islamischen Familienrechts und für politische Rechte von Frauen. Meist erst nach dem Ersten Weltkrieg begannen Frauen aus dieser Schicht, den Schleier abzulegen. Genau solche Vorschriften stellen Ohrfeigen allgemein ins Gesicht des Mannes und speziell in die Gesichter der Fundamentalisten dar. Ein typisches Beispiel für die Wirkungsweise solcher Vorschriften auf die Männer zeigt folgender Abschnitt:

Als der Schah des Iran 1936 die Verhüllung gesetzlich verbot, verließen viele Frauen das Haus nicht mehr. Auch Männer aus unteren sozialen Schichten taten dies, weil sie nicht unverhüllten Frauen begegnen wollten. Ein jahrhundertelang gewahrtes Schamgefühl für das Gesicht ist nicht durch ein Gesetz sofort zu beseitigen. 1941 musste der Sohn und Nachfolger des Schahs das Gesetz annullieren, das im übrigen an der sozialen Ungleichheit von Mann und Frau nichts geändert hatte.

Durch diesen oben beschriebenen Einfluß des Abendlands war die ethnisch-kulturelle Kluft zwischen dem, was neu war und dem, was eigen ist, so stark, dass der Entfremdungsprozeß gerade für die Männer und auch für manche traditionsbewusste Frauen sehr schmerzhaft war.

Man denke an die französische Sprache, die man heute noch in den nordafrikanischen Ländern spricht. Ich persönlich vergesse die Situation meines Vaters nicht, der bei Arbeitsversammlungen seinen dunklen Anzug aus Yorkshire-Schurwolle mit Weste und Schlips anziehen musste und das bei einem ägyptischen Sommer und Temperaturen von 48 Grad im Schatten! Er beneidete jeden Jungen, der in seinem nationalen Gewand herumspringen konnte. Was hat diese historisch-kulturelle Situation mit der Frau zu tun?

Hierin sehe ich eine Parallele zur Hackordnung im Arbeitsprozeß der modernen Gesellschaft. Jeder weiß, wie schlecht gelaunt man von der Arbeit nach Hause kommt und genau hier setzt ein Prozeß ein, der kaum bewusst wahrgenommen werden kann. Ich habe es selbst sowohl bei vielen ägyptischen als auch bei zahlreichen deutschen Familien erlebt, wie die Kinder versucht haben, die Begegnung mit den von der Arbeit nach Hause kommenden Eltern zu vermeiden und gerade das schwächste Mitglied innerhalb der Familie fungiert als eine Ablagehalde für den Seelenmüll, der durch die Hackordnung bei der Arbeit entstanden ist. Exakt dieser Mechanismus, den die Männer in den islamischen Ländern unter fremder Herrschaft sich bewusst machen in ihren Gesprächen untereinander in Cafés sowie auch in privaten Räumen zeigt ihnen, dass sie nicht die eigenen Herren sind. So wollen sie zu Hause ihren eigenen Frauen gegenüber den Kindern zeigen, dass sie absolute Herren sind, indem sie die Ehefrau möglichst stark und auf allen Ebenen unterdrücken. Genau hier braucht man einen Grund für diese Handlungsweise und dafür muss die Religion herhalten, auch wenn sie dabei falsch interpretiert wird.

Die jüngere Generation, die an diesen neuen Umwälzungen Geschmack gefunden hat, verstärkte das unbewusste sich Festklammern an dem, was angeblich islamisch ist. Die Reaktion war eine Bildung von fundamentalistischen islamischen Gruppierungen, siehe die Moslembrüder in Ägypten und andere in den verschiedensten islamischen Ländern. An dieser Stelle muß ich erwähnen, dass der jüngste Bruder von Hassan El-Banna, der Begründer der Moslembrüderschaft in Ägypten, einer unserer guten Freunde ist. Mit ihm saß ich gemeinsam auf dem Podium bei einer Veranstaltung an der Universität Frankfurt. Er ist einer der großen aktuellen islamischen Philosophen in Ägypten. Sein Name ist Gamal El-Banna. Allerdings gehört er zu den modernsten Denkern in der islamischen Welt und ist alles andere als radikal.

Die Ausweitung der Medien, vor allem Radio, Fernsehen und zudem ausländische Filme in den Kinos und das dort gezeigte lockere Verhalten in der Beziehung zwischen Mann und Frau haben dazu geführt, dass seit Ende der siebziger Jahre die Tendenz zur Verhüllung, wenn auch regional und schichtenspezifisch unterschiedlich, wieder zugenommen hat. Sie wird heute auch von emanzipierten Frauen islamischer Länder oft als Zeichen ihrer soziokulturellen Identität und als Schutz gegen sexuelle Belästigung, besonders in männerdominierten Berufsbereichen, gewählt und verteidigt. Dies ist auch eine Begründung junger europäischer oder in Europa lebender Musliminnen für das Kopftuch, verbunden oft mit dem Tragen langer, die Körperformen kaschierender Gewänder. Dass die Formen der Verhüllung sehr unterschiedlich sein können, vom oft kleidsamen mehrfarbigen Kopftuch, farblich auf die übrige Garderobe abgestimmt, bis hin zum schwarzen oder auch weißen, das gesamte Haar und den Stirnansatz verhüllenden Tuch und zu sackartiger schwarzer Kleidung, bewusst enterotisierend, zeigt individuelle Entscheidungsmöglichkeiten und Lebenshaltungen. Bei sehr jungen Mädchen und Frauen mag der Familienvater, auch der ältere Bruder, diese Entscheidung erzwingen. Emanzipierte Frauen im Iran zur Schahzeit haben übrigens aus Opposition gegen eine ihnen zu forciert erscheinende Säkularisierung nach westlichen Vorbildern demonstrativ den Tschador, den schwarzen Umhang, angelegt. Als er von der Mullah-Regierung 1979 zur Pflicht gemacht wurde, demonstrierten sie dagegen und waren dann die ersten, die ihre Stelle im Regierungsdienst verloren.

Als ich mit 18 Jahren 1961 Ägypten verlassen hatte, hatte das ganze Land ca. 16 Millionen Einwohner. Heute gibt es in Kairo allein schätzungsweise 20 Millionen Bewohner. Früher konnten viele Ägypter in den Ölstaaten Arbeit finden, heute gibt es dort kaum noch Arbeitsstellen aus Angst vor Fundamentalismus und die dadurch eventuell entstehenden Unruhen. Wir haben es überall mit Landflucht zu tun, weil sich die soziale Lage im gesamten Land verschlechtert hat. Bei dieser fast hoffnungslosen Situation in der nachkolonialen Zeit wächst die Hoffnung vieler Menschen auf islamische Bewegungen, die den Ausweg aus dieser Gesellschaftskrise mit Symptomen wie Verelendung, Arbeitslosigkeit und katastrophaler Wohnungsnot bringen sollen. So meint man, dass der Islam die Lösung sei. Durch die Schaffung eines „islamischen Staates" und die für alle verbindliche Einführung der islamischen „Scharia" soll eine gerechte Ordnung im Interesse der sozial Schwachen herbeigeführt werden. Die eigentliche Hoffnung der Islamisten ist die Wiederherstellung der gottgewollten Ordnung der Geschlechter, die in deren Augen offenkundig aus den Fugen geraten ist. Diese Unordnung gilt für sie als ein Symbol und vor allem als Indikator für die heutige chaotisch erlebte Gesellschaft im Abendland und in der Weltordnung.

Leider Gottes wird heute dieser Eindruck durch den Satellitenempfang bestätigt. Viele Männer genießen gern die Spätsendungen, in denen leichtgekleidete Damen gezeigt werden. Bei unserem letzten Besuch waren meine Frau und ich über den „Satellitenantennenwald" auf den Dächern von Kairos Hochhäusern erschrocken. In den oben genannten Darstellungen sehen die Islamisten den Zerfall der abendländisch-christlichen Gesellschaft.

Der „heidnische" Zustand der Gesellschaft erweist sich aus der Perspektive der Islamisten wie der Traditionalisten darin, dass die geschlechtsspezifische Arbeitsteilung, die sich auf die angeblich natürliche und gottgewollte Komplementarität der Geschlechter gründet, durch die Berufstätigkeit vieler Frauen infrage gestellt und die als grundlegend erachtete Aufgabe der Frau, die neue Generation großzuziehen, vernachlässigt wird (vgl. Qutb, Sayed: Milestones, Karachi 1981, 180). Beklagt wird darüber hinaus eine Lockerung bzw. ein Niedergang der traditionellen Sexualmoral.

Diese bisher geschilderte Situation bringt die Frau in eine zwiespältige Lage. Sie möchte schon die neuen Errungenschaften sich zunutze machen, auf der anderen Seite ist sie abhängig von der Einstellung des männlichen Geschlechts innerhalb ihrer Familie. So ist die Anzahl der gebildeten Frauen, die Schul- und Hochschulausbildung genossen haben, in den Großstädten viel größer als auf dem Lande. Dieser Tatbestand wird zunächst von der finanziellen Lage als auch dann von der angeblich religiösen Grundhaltung der Eltern festgelegt. An den Universitäten sieht man stark verschleierte Studentinnen Hand in Hand laufend mit europäisch-modern angezogenen Kameradinnen. Der jüngste Trend bezüglich der Kleidermode liegt darin, dass man versucht, das Neueste in der europäischen Mode mit dem althergebrachten Kopftuch zu verbinden. Meine Frau und ich mussten in Kairo laut lachen über die Kombination von engen modischen künstlich ausgebleichten Jeans, die die Dessous abgezeichnet haben, verbunden mit einem traditionellen Kopftuch, das ein sehr hübsches mit modernem Make-up bemaltes Gesicht nicht verdeckte. Diese Mädchen versuchen, in Gesprächen das Religiöse in den Vordergrund zu stellen, aber die CD im Walkman beinhaltet die neuesten europäischen und amerikanischen Songs. Die aktuelle Teenagergeneration in den liberalen islamischen Staaten ist zu einer kulturellen Schizophrenität verdammt. Bei den männlichen Jugendlichen ist die Situation in den Großstädten sehr gemischt. Manche von ihnen betrachten das Islamistendasein ohne viel nachzudenken als die neueste Mode. Einige unter ihnen geben damit an, in der Moschee übernachtet zu haben. Die überwiegende Mehrheit dieser Jugendlichen gibt sich nach außen hin unauffällig, aber wenn es um Frauenfragen geht, so sind sie äußerst konservativ.

Je nachdem, in welchem islamischen Land die Frau lebt, haben es manche Frauen bis zur Ministerin gebracht. Was heutzutage in der Tat läuft, ist der Versuch der Männer, sich im Namen der Glaubenslehre über die Frau zu stellen. Dass dies natürlich völlig falsch verstanden worden ist, wurde bereits erwähnt.

Dass ein Land kolonialisiert wird, beruht auf seiner Schwäche in wirtschaftlicher und militärischer Hinsicht und gerade hier sind es Männer, die diese Bereiche unter sich haben und steuern. Psychisch gesehen haben wir es hier mit dem Tatbestand zu tun, dass das historische Versagen der Männer die Ursache für die Kolonialisierung und an vielen anderen Stellen der Grund für die wirtschaftliche Misere in den meisten islamischen Ländern ist. Dieser Misserfolg wird jedoch unbewusst dem weiblichen Geschlecht angelastet. Unsere Problematik in dieser Beziehung ist die mangelnde Bildung und das fehlende Wissen von der Wahrheit der islamischen Glaubenslehre. Man denke nur an die erste Frau des Propheten, Chadidscha, und welche interne Rolle sie als großartige Stütze für den Propheten gespielt hat.

4. Die aktuelle Situation der Frau in verschiedenen islamischen Kulturen und ihr Kampf um ihre eigenen Rechte

Der Globalisierungsprozeß beinhaltet das Endprodukt von Gesellschaften, in denen die Persönlichkeitsstruktur des Individuums für die Bewohner von Dritt- und Viertländern völlig anders geartet ist. Seine Anziehungskraft für die Bürger dieser Länder verbirgt sich in der Motivation, modern zu sein und man möchte gern zur Weltgemeinschaft dazugehören. Diese Prozesse beeinflussen die Geschlechterverhältnisse auch im Vorderen Orient und haben komplexe, widersprüchliche und häufig gegenläufige Auswirkungen auf die Stellung von Frauen. Während der Mann die Inhalte dieser fremden Kulturen, die durch Satelliten ihm einsuggeriert werden, ohne Probleme übernehmen kann, siehe Jeans, Gebrauch von amerikanischen Begriffen bis hin zur heimlichen Drogeneinnahme, ist die Situation bei der Frau komplexer. Sie hätte gern den gleichen Prozeß mitgemacht, um ebenfalls als modern zu gelten, aber sowohl der Mann als auch die Tradition sind ihre Hauptgegner.

Dieser oben erwähnte Mechanismus führt dazu, dass gerade die Frauen in den islamischen Ländern in ihrem Zwiespalt eher zu positiven Faktoren greifen wie Moral, Bildung und religiöse Inhalte, bevor sie etwas Fremdes übernehmen. Sie fragen sich nach dem, was sie sind bzw. was sie an Wertvorstellungen haben. Das Hauptproblem bei der Suche nach der modernen Muslimin besteht darin, ihr wiederentdecktes islamisches Recht auf Bildung mit dem traditionellen Ehrbegriff in Einklang zu bringen, was hier das Schlüsselwort ist, denn bisher ist es noch völlig undenkbar, das alte Ehrprinzip, auf dem die patriarchalische Gesellschaft beruht, etwa ganz auszurangieren. Wenige haben dieses Dilemma gelöst, und viele stehen ihm zum ersten Mal gegenüber, wenn Bildung und Industrialisierung auf sie zukommen.

Im Mittelpunkt steht die Frage, inwieweit die ökonomische Globalisierung und Liberalisierung den Frauen im Vorderen Orient zu mehr Handlungsspielräumen und gesellschaftlichen Chancen verhilft. Ebenso wichtig ist, die Bedeutung der Geschlechterordnung in den islamistischen Bewegungen näher zu beleuchten. Außerdem werden Strategien und Perspektiven der Frauenbewegungen des Vorderen Orients, die mit unterschiedlichen ideologischen Vorzeichen darum ringen, unter restriktiven Rahmenbedingungen zu größeren Handlungsspielräumen zu gelangen, aufgezeigt.

1932 legte die führende ägyptische Frauenrechtlerin Huda Shaarawi auf dem Kairoer Bahnhof öffentlich ihren Gesichtsschleier ab. Mit dieser dramatischen Geste bekundete sie ihre Entschlossenheit, die Geschlechtertrennung und die Beschränkung der Frauen auf den häuslichen Bereich zu beenden. Auch im Libanon, in der Türkei und im Iran wurde damals der Gesichtsschleier als Symbol „weiblicher Tugendhaftigkeit" von zunehmend mehr Frauenrechtlerinnen infrage gestellt und seine islamische Legitimation bestritten. Selbstbewusst erhoben Frauen den Anspruch auf Teilhabe im öffentlichen Raum und öffneten die Tür zu den politischen Bühnen der Region. Bedenkt man, wenn eine Ideologie versucht, die Modeerscheinung in Zeit und Raum festzulegen, so ist das eine dumme Ideologie geschweige denn eine Glaubenslehre. Die einzige Koranstelle (s.o.), die von einem Schal oder Tuch spricht, das sich die Frau über die Brustöffnung des Kleides legen sollte, ist nichts anderes als ein exemplarisches Beispiel für die Bewahrung der Frauenwürde. Es gilt, solche koranischen Aussagen geistig zu interpolieren, sowohl auf die heutige Zeit als auch auf die Zukunft zu transformieren. Hier sehen meine Frau und ich einen Missbrauch der Religion, mit dessen Hilfe der Mann die Herrschaft über das weibliche Geschlecht erlangen will.

In den folgenden Jahrzehnten verschwanden auch Körperschleier und Kopftuch zumindest in den großstädtischen Zentren des Vorderen Orients weitgehend von der Bildfläche. Insbesondere in reformorientierten Ländern wie Ägypten kam es zu einer weitreichenden Expansion der Bildungs- und außerhäuslichen Beschäftigungsmöglichkeiten für Frauen, zu einer beachtlichen Erweiterung ihrer Bewegungs- und Handlungsspielräume. Das konservativ-islamische Frauenbild, das die Frauen auf ihre vermeintlich natürliche und gottgegebene Rolle als Ehefrau und Mutter festlegen will, verlor zunehmend an Boden. Im internationalen Vergleich blieben die Frauen auf den orientalischen Arbeitsmärkten gleichwohl deutlich unterrepräsentiert. Das patriarchalische Personenstandsrecht, das die Frauen unmündig hält und in der Ehe dem Manne unterordnet, blieb auch in der Reformphase unangetastet. Man muss hier bemerken, dass diese Zeit und gerade in Ägypten die Ära der englischen Herrschaft war. Deshalb war es für solche Persönlichkeiten leichter, ihre Meinung in dieser Form zu äußern. Von Islamisten war in dieser Epoche kaum etwas zu spüren in Anbetracht der Tatsache, dass es den Ägyptern wirtschaftlich besser erging als nach der Nasser-Revolution von 1952. Von da an ging es mit der Wirtschaftslage in Ägypten rapide bergab dank der Einführung seines falsch verstandenen Sozialismus. So war der Lohn für die Arbeitnehmer garantiert unabhängig davon, ob sie ihre Leistung erfüllt haben. Wie ich als Ägypter mitbekommen habe, gab es Arbeiter, die die Maschine absichtlich im Bereich der Elektronik zerstört haben, um nicht arbeiten zu müssen. Sie wussten genau, dass es Wochen dauern würde, bis die Maschine durch den Spezialisten, der vom Ausland kommt, repariert wird.

Diese Situation hat dazu geführt, dass die soziale Lage wesentlich schlechter wurde. Wie jeder weiß, führt diese gepaart mit mangelnder Bildung zum krampfhaften sich Festklammern an dem, was religiös ist. Seit den siebziger Jahren des 20. Jahrhunderts ist der Schleier als Symbol für das Religiöse als Massenphänomen in den urbanen Raum zurückgekehrt. Er wird heute vielfach aus eigenem Entschluss auch von jungen gebildeten Frauen, von Akademikerinnen und Studentinnen aus den modernen Mittelschichten, getragen. Mit dem Aufstieg des politischen Islam ist die Geschlechterfrage ins Zentrum gesellschaftlicher und politischer Auseinandersetzungen gerückt. Von Algier bis Teheran, von Kairo bis Kabul prägen seit Jahren Kontroversen über die sogenannte „Moral" der Frauen gesellschaftliche Diskurse, definieren politische Zugehörigkeiten und markieren ideologische Grenzlinien nach innen wie nach außen. Körper und Sexualität der Frauen, symbolisch manifestiert in der Schleierfrage, sind zu Metaphern geworden, über die Themen wie Globalisierung und Selbstbehauptung, Authentizität und Verwestlichung, Religion und Moderne, Gemeinschaft und Individuum artikuliert und umkämpft werden. Nicht selten liegen den politisch-kulturellen Auseinandersetzungen soziale Konflikte zugrunde. Der „Kampf um den Schleier" wird gleichsam zum verschleierten Klassenkampf.

Im Rahmen des Islamisierungsprozesses blieben manche Frauen davon nicht unberührt, glücklicherweise exakt in die Gegenrichtung von dem, was die Islamisten sich erhofft hatten. Natürlich spielte die Qualität des liberalen Umfelds hierfür eine sehr große Rolle.

Eine lautstarke Minderheit unter den Universitätsstudentinnen fordert die Rückbesinnung auf den „reinen" Islam, legt zum ersten Mal in ihrem Leben den Schleier an und verlangt sogar in den Hochburgen des muslimischen Liberalismus, wie etwa in Tunis und Kairo, nach Geschlechtern getrennte Hörsäle. Ihre Lesegewohnheiten haben sich ebenfalls geändert, denn Bücher über religiöse Themen stehen jetzt neben weltlichen Werken auf der Bestsellerliste. Dieser Mechanismus war die einzig akzeptable Kontrareaktion von Frauenseite gegen Männerfundamentalismus und gerade auf dieser geistigen Ebene sind die Frauen wesentlich beweglicher im Gegensatz zur Männerträgheit. Genau hier lag die Schutzfunktion für die Frau ihrem unwissenden Mann, Bruder, Vater gegenüber. Sie konnte mit ihrem Wissen ihre Vorgehensweise ihnen gegenüber geistig begründen. Diese weibliche Verhaltensweise beinhaltete auch ihre Risiken, denn die theologischen Werke, die sie gelesen haben, waren z.T. von konservativen Autoren geschrieben worden, die die fundamentalistische Richtung mancher Damen bekräftigten. Das Wichtigste dabei war, dass die Frauen dem männlichen Geschlecht mit Wissen begegnen konnten, von dem die Männer keine Ahnung hatten. Der Gipfel dieser Vorgehensweise verkörperte sich in dem folgenden Beispiel: Mit größter Überraschung und Bestürzung nahm der tunesische Staatspräsident Bourguiba zur Kenntnis, dass er gerade von einigen derer zum Bösewicht gestempelt wurde, für die er jahrelang um ihre Emanzipation gekämpft hatte.

Auch dem ägyptischen Staatspräsidenten Sadat blieben die weiblichen Proteste nicht völlig erspart, als er seinerzeit das Ehe- und Scheidungsrecht zugunsten der Frau liberalisierte. „Das ist lediglich eine jugendliche Rebellion gegen die Erwachsenen und das Establishment", lachten einige nachsichtig, während andere diese Ereignisse als exzentrische Begleiterscheinungen des ständig fortschreitenden Modernisierungsprozesses im Vorderen Orient abtaten - bis die islamische Revolution im Iran wie eine Bombe einschlug.

Die ganze Welt schaute ungläubig zu, wie Iranerinnen massenweise stolz den Tschador anlegten, gegen den westlich orientierten Schah Reza Pahlewi kämpften und entscheidend dazu beitrugen, den Ayatollah Ruhollah Khomeini an die Macht zu bringen. Der betagte Religionsführer versprach, eine ideale Gesellschaft nach dem Vorbild derer zu errichten, die - wie man glaubte - unter der Herrschaft des Propheten Mohammed bestanden hatte. Was der Ayatollah seit seiner Rückkehr aus dem Exil am 1. Februar 1979 jedoch bisher aufgebaut hat, ist nicht die Welt Chadidschas und Aischas, sondern eine puritanische Theokratie, die die weibliche Keuschheit und Demut höher denn je einstuft. Alles, was möglicherweise zur Unzucht führen könnte, ist verboten worden: keine Discos, keine Popmusik, kein Alkohol, keine Zeitschriften oder Poster, die die Umrisse des weiblichen Körpers zeigen, keine unverschleierten Frauen im Fernsehen, kein gemeinsames Schwimmen von Männern und Frauen und keine gemischten Schulen. In anderen Worten, jedes gesellige Zusammentreffen der Geschlechter in der Öffentlichkeit soll unterbunden werden. Ein Zentrum für den Kampf gegen die Sünde wurde eingerichtet, um gegen Verstöße vorzugehen (vgl. Anthony Goodman: Teheran Talks of Sin: A New Crackdown, San Francisco Chronicle, 27. Juni 1980) und zur weiteren Einschränkung der Versuchung legte man den Frauen geflissentlich nahe, ihre Reize mindestens unter sittsamer westlicher Kleidung plus Kopftuch zu verbergen, vorzugsweise jedoch unter dem die Figur gänzlich verhüllenden Stück Stoff, das man als Tschador bezeichnet (wörtlich „das Zelt").

Als ob damit des Guten noch nicht genug getan sei, waren einige Frauen offensichtlich bereit, die konservativen Extreme noch weiterzutreiben, als es der alte Ayatollah von ihnen erwartet hatte. „Der Mann arbeitet, weil er stärker ist. Für uns Frauen ist es besser, unsere Kraft in der Familie einzusetzen", erzählten sie westlichen Journalisten. Khomeini hatte Frauen nur aus solch „unanständigen" Berufen wie der Schauspielerei und Sekretariatsarbeit verbannt, im übrigen aber seine Absicht kundgetan, sie in ehrbaren Tätigkeitsbereichen gern wirken zu lassen. Eine bemerkenswerte Ausnahme davon bildete die Tatsache, dass sie nicht als Richterinnen fungieren durften, weil man sie für zu emotional und empfindsam hielt, um schwere Strafen zu verhängen; dabei hatten Frauen in der unmittelbaren Vergangenheit immerhin so viel Kompetenz gezeigt, dass sie zu höheren Richterstellen aufgestiegen waren. Sie alle wurden unter dem neuen Regime auf weniger bedeutungsvolle Posten versetzt.

Anderswo lebende Musliminnen, die ihre Emanzipation mit westlicher Ausrichtung gleichsetzten, fühlten sich durch diese Wendung der Ereignisse eindeutig betrogen. Die meisten Iraner gehören der schiitischen Richtung des Islam an, die sich kurz nach dem Tod des Propheten wegen Streitigkeiten um die Kalifennachfolge von der sunnitischen Mehrheit abgespalten hat. Obwohl die Schiiten seither kleinere Veränderungen an der Auslegung der Scharia vorgenommen haben, stehen die Frauen beider Religionsrichtungen im Grunde vor ähnlichen Problemen. Schwerer wiegt noch, dass die Iranerinnen als erste für ihr Land und ihre Rechte gekämpft hatten. Im Jahr 1905, als ihre ägyptischen und türkischen Schwestern noch in ihren Harems dämmerten, veranstalteten iranische Frauen Massendemonstrationen gegen den damals herrschenden Schah, der das Land mit Hilfe britischer Geschäftsleute und russischer Kosaken ausblutete. „Es läßt sich ohne Übertreibung sagen, dass ohne die machtvolle moralische Unterstützung dieser sogenannten Anhängsel der orientalischen Herren der Schöpfung ... die revolutionäre Bewegung - so gut sie auch von den persischen Männern geführt sein mochte - sich früh zu einem ungeordneten Protest abgeschwächt hätte", schrieb Morgan Shuster, ein Amerikaner, der die Anti-Schah-Gruppe unterstützte, die für eine konstitutionelle Regierung kämpften (Mangol Bayat Philipp: Women and Revolution in Iran 1905-1911. In: Beck und Keddie, Women in the Muslim World).

Die rasche Industrialisierung und eine Lawine importierter Massenprodukte hob natürlich das alte Wirtschaftssystem aus den Angeln und führte zu kultureller Entwurzelung. Selbst die jungen Akademiker wurden ihrem eigenen Erbe entfremdet, ohne in dem Neuen Halt zu finden, so dass sich oft verworrene Vorstellungen davon verbreiteten, was es bedeutete, modern zu sein. Für den Durchschnittsmenschen symbolisierten freie Liebe und Alkohol sowie ein Anzug mit den vornehmsten europäischen Etiketten den Wesensgehalt des fortschrittlichen Westens. Man klammerte sich an den Westen und war wahllos durchaus bereit, die Rosen mitsamt den Dornen zu übernehmen. Aber es scheint, dass man mehr Dornen eingehandelt hat als man vorgehabt hatte. Dies war die Meinung einer gebildeten Iranerin, mit der wir befreundet waren.

Zur Meinung der modernen muslimischen Frauen zur Polygamie ist von folgendem Fall zu berichten: Eine junge Oberschullehrerin ging gleich bis zu Staatspräsident Habib Bourguiba persönlich hinauf, um sich über die feministischen Gesetze zu beklagen, die er über die Jahre erlassen hatte.

1975 erregte ein Fräulein Hend Chalbi Kopfschütteln, als sie in einem prächtigen goldgestickten roten Kaftan und weißem Kopfschleier statt in normaler Straßenkleidung auf einer Konferenz erschien, die der Präsident traditionell am 27. Ramadan, die Nacht der Macht in der Fastenzeit, abhielt, um seine diversen Reformen im Licht des Islam zu diskutieren. Fräulein Chalbi schnappte sich das Mikrofon von den verblüfften Politikern und Religionsgelehrten und beklagte die vergebliche Suche ihrer Landsleute nach Freiheit und Glück außerhalb der Schranken des Islam. Freie Schwangerschaftsunterbrechung, das völlige Verbot der Polygamie und all die anderen liberalen Gesetze, deren Kühnheit Tunesien in der arabischen Welt berühmt gemacht hatten, gerieten unter Beschuß. Als ob sie darauf gewartet hätten, begannen bald darauf junge verschleierte Köpfe in Tunesiens Straßen aufzutauchen. Die Verklärung von Haushalt und Mutterschaft verwandelte sich in Streitreden für die Polygamie: „Besser vier legale Frauen als hundert unrechtmäßige Verbindungen" (Souhayr Belhassen: Le Voile de la soumission, Jeune Afrique, 25. April 1979).

Interessant ist es hier zu beobachten, dass moderne islamische Frauen, den sogenannten „Errungenschaften" der modernen Europäerin sehr kritisch gegenüberstehen. Dieser Tatbestand zeigt meiner Frau und mir, dass die muslimische Frau die eigenislamische Identität bewusst behalten will, aber glücklicherweise nicht die Identität, welche die Fanatiker ihr als „islamisch" aufoktroyieren wollen.

Aber das gesamte Umfeld ist für diese denkenden Frauen noch extrem schwierig, vor allem die soziale Lage der Heranwachsenden sorgt dafür, dass der Zulauf zu den Extremisten sehr stark ist. Folgende exemplarische Beispiele sollen das aktuelle Umfeld der geistig aktiven Frauen in der gegenwärtigen Zeit, die eine Änderung herbeiführen wollen, schildern:

Betrachtet man einmal die Umstände, unter denen religiöse Erweckungsbewegungen besonders gut gedeihen, dann wird verständlich, dass sich ihre Anhänger gewöhnlich aus Kreisen der kulturell entwurzelten Jugend und der Arbeitslosen rekrutieren. Die meisten türkischen Muslimeiferer beispielsweise finden sich unter den arbeitslosen Jugendlichen und den aus ländlichen Gegenden Zugewanderten in den Armenvierteln der Städte sowie unter den kulturell entwurzelten Gastarbeitern in Deutschland.

Die Moslem-Bruderschaft, die zu den wichtigsten politisch-religiösen Bewegungen in Ägypten gehört, erhält ihren Zulauf ebenfalls aus den wirtschaftlich machtlosen Schichten, nämlich den arbeitslosen Akademikern und Hochschulstudenten, die in dem armen, überbevölkerten Land wenig Aussicht auf Anstellung haben. Die islamische Erneuerungsbewegung ist damit eine Zuflucht für den seiner Macht entkleideten Patriarchen und könnte zunehmend jene anziehen, die die Herrschaft über ihr eigenes Schicksal in einem unsicheren Zeitalter zu verlieren drohen, das mehr von industriellen als von menschlichen Bedürfnissen bestimmt wird.

Da diese Bewegung ihre Stärke aus wirtschaftlichen Unsicherheiten sowie einer kulturellen Identitätskrise schöpft, beschränkt sie sich häufig nicht auf Gemeinschaftsgebet und asketische Übungen, sondern greift auch nach politischer Macht, was schließlich als durchaus logischer Schritt in einer Religion erscheinen muss, die neben geistigen auch sozialpolitische Dinge geregelt hat. Die Moslem-Bruderschaft ist schon seit langem eine ernstzunehmende politische Kraft (vgl. Eric Davis: Islam and Politics: Some Neglected Dimensions. Vortrag, gehalten vor der Alternative Middle Eastern Studies Conference, New York 1979).

In der Türkei hat eine religiöse Gruppierung unter der Führung eines Ingenieurs namens Necmettin Erbakan besonders unter den Dorfbewohnern Anhänger gefunden, weil sie versprach, die Scharia wieder zum Landesgesetz zu erheben (vgl. Doyle McManus: In Turkey, a Comeback for Islamic Fundamentalism, San Francisco Chronicle, 23. Juli 1980; John Kifner: The Turks Have a Word for It - Kemalism, New York Times, 21. September 1980).

Obwohl ein derartiger Schritt eindeutig verfassungswidrig wäre in einem Land, das Religion und Staat trennt, hatte sich Erbakans Gruppe zur Partei der Nationalen Errettung entwickelt, die 1980 in der Nationalversammlung 27 der 450 Sitze belegte, bis durch den Militärputsch im September jegliche politische Aktivität unterbrochen wurde. Manche dieser Gruppen haben zu Terrormaßnahmen gegriffen. Mitglieder von Takfir wa al-Hedschira (Buße und Weltabkehr) ermordeten 1977 in Ägypten einen Minister (vgl. Christopher Wren: The Muslim World Rekindles Its Militancy, New York Times, 18. Juni 1978) und legten Bomben in Kinos, um ihrer Auffassung von Moral Geltung zu verschaffen. Viele religiöse Gruppierungen haben für sich Legitimität in Anspruch genommen, weil der Islam keine zentrale Oberhoheit kennt, wie sie das römisch-katholische Christentum im Vatikan besitzt. Neben Theologen haben auch Ingenieure und Politiker die Scharia ausgelegt. Wenn ihnen genug Menschen nachfolgten, hatten sie eine Bewegung. Dieser Umstand hat die islamische Erneuerung daran gehindert, zu einer monolithischen Flutwelle anzuschwellen. Die islamische Erneuerung ist schon seit langem in Gang (vgl. Ralph Patai: The Dynamics of Westernization in the Middle East, The Middle East Journal, Bd. 9, Nr. 1, Winter 1955; G. H. Jansen: Militant Islam: The Historic Whirlwind, New York 1980). Obwohl ihre Anhänger in den meisten Ländern eine Minderheit darstellen und viele verschiedene

Ausdrucksformen des Islam vertreten, stimmen sie sehr häufig in einem Punkt überein:

Weibliche Sittsamkeit ist das Heilmittel für soziale und wirtschaftliche Übelstände. Dies ist zugegebenermaßen eine Methode, die Bedeutung des traditionellen Ehrenkodex für die Einheit der Familie zu unterstreichen und vielleicht auch der patriarchalischen Macht wieder Geltung zu verschaffen. Da die Sache mit der Ehre jedoch zusätzlich als Allheilmittel für völlig unverwandte Probleme ausgebeutet wird, kann sie zum reinen politischen Aushängeschild degenerieren.

Man denke an die Inquisitionen und Hexenverbrennungen und das im Namen der Religion! Meine Frau und ich möchten an dieser Stelle einen Appell an die Christenheit richten: Denkt bitte an das christliche Gebot der Nächstenliebe! Wie kann sich dieses Gebot mit den oben exemplarisch angegeben Tatsachen vereinbaren?? An dieser Stelle möchten wir an die Vorgehensweise Christi Maria Magdalena gegenüber, als sie gesteinigt werden sollte, erinnern. Das ist das Christentum für unser islamisches Verständnis und so ist Jesus islamisch manifestiert. Alles andere ist ein Machwerk der Männer im Namen der Religion.

Hierin sehen meine Frau und ich eine Herrschaft des Mannes nicht nur über die Frau, sondern auch über die Religion. Das weibliche Geschlecht wird leider aufgrund der ihm von Gott gegebenen Eigenschaften der Zärtlichkeit und der Liebe, die die wichtigsten Bestandteile eines gesunden Bodens für das gesunde Heranwachsen der Jugend und ihren Gefühle und vor allem ihren Intuitionen, mit deren Hilfe sie ihre spätere Umwelt formt, darstellen, gepaart mit dem natürlichen Bedürfnis der Frau nach

Schutz durch den Mann, wobei wir hier eine bindende gegenseitige Ergänzung erkennen, missbraucht.

II Die Wirkungsweise der Moderne auf die muslimischen Emigranten und insbesondere die Frau in der Diaspora

Mit dem Einsetzen des Zeitalters des Wirtschaftswunders in der BRD Ende der fünfziger, Anfang der sechziger Jahre hat man Arbeitskräfte benötigt. So sandte man Vertreter der Arbeitsämter in die Türkei, um Arbeitskräfte zu rekrutieren. Man hat es leider nicht für nötig gehalten, Soziologen einzuschalten, um soziale Probleme, die durch den Aufenthalt dieser Menschen in einem völlig neuen Umfeld eventuell aufkommen könnten, vorherzusehen. Spätestens als man merkte, dass die Rekrutierung aus den türkischen Großstädten sehr schwer war und niemand dieser Stadtbewohner kommen wollte, denn nach Gesprächen mit vielen dieser Menschen meinten die meisten von ihnen, die halbwegs gebildet sind, dass diese Aktion für sie nichts anderes darstelle als ein Anwerben von Sklaven, hätte diese Tatsache bei den Arbeitsämtern in Deutschland zu einem Alarm führen sollen. Aber nein, man versuchte, in den ländlichen Gebieten Gastarbeiter anzuwerben und die meisten kamen damals aus dem Osten der Türkei. Jeder hätte erkennen müssen, dass der soziale Schock für diese Menschen umso größer wird, je ländlicher das Herkunftsgebiet ist.

Um eine Vorstellung vom Grad der Lebensveränderung der Migranten in Deutschland zu haben, soll der folgende Bericht über den Tagesablauf in einem bäuerlichen Haushalt im Nahen Osten in den fünfziger Jahren aus dem Buch „O ihr Musliminnen..." von Ina und Peter Heine einen kurzen lebendigen Einblick in das Leben dieser Menschen exemplarisch geben. Beim Lesen dieses Berichts wurde ich als Ägypter in die Zeit meiner Kindheit versetzt, in der ich die Schulferien im Geburtsdorf meines Vaters verbracht habe. Ich muss bestätigen, dass der Inhalt dieser Beschreibung bis heute noch seine volle Gültigkeit hat.

Folgendes Bild, das meine Frau und ich in einer ländlichen Gegend in Oberägypten aufgenommen haben, soll dem Leser einen Eindruck von der Struktur der Lebensweise dieser Migranten der ersten Generation vermitteln. Zu beachten ist, dass es unter den Ländern des Nahen Ostens, was das ländliche Leben anbetrifft, gleichgültig, in welchem Land das ist, gar keine Unterschiede gibt. Das Fehlen der Frauen auf dieser Aufnahme hängt damit zusammen, dass sie zu dieser Zeit bei der Vorbereitung des Mittagessens waren. Abgesehen davon hätten wir die Frauen aus Respekt nicht fotografiert.

Ländliches Wohnzimmer im Nahen Osten

Und nun zum oben erwähnten Bericht:

„Noch bei Dunkelheit, kurz vor dem Morgengrauen wird der Haushalt lebendig. Der Vater, das Familienoberhaupt, ist mit dem ersten Gebet des Tages, das er im Hof verrichtet, zu hören. Kurz danach läßt er zusammen mit seinem ältesten Sohn die Tiere aus den Ställen: die beiden Maultiere und das junge Pferd, die Kuh mit ihrem Kalb aus dem kleinen Stall am anderen Ende des Hofes und die sieben Ziegen mit ihren sieben Zicklein aus dem früheren Wohnraum, der jetzt als Stall gebraucht wird und eine Öffnung zum Hof hat. Um den Hof herum befinden sich auch die Küche, der Wohnraum und der Empfangsraum für Gäste. Im Hof spielt sich in der Sonne oder im Schatten auch das Leben der Familie ab. Die Hausfrau ist in der Küche damit beschäftigt, den Brotteig zu kneten, den sie am Vormittag backen will. Die beiden Maultiere suchen sich die Reste grüner Gerste aus den Krippen zusammen. Der Vater und der älteste Sohn schirren die beiden an. Mit einem Stück Brot als Mittagsimbiß versorgt treibt der junge Mann die Tiere dann zum Pflügen auf das Feld... Wenn die Tiere versorgt sind, nimmt die restliche Familie ein rasches Frühstück ein, das aus Tee, Brot und den Resten des Essens vom Vorabend besteht. Die beiden kleineren jungen machen sich zur Schule auf. Der Vater beginnt, den Boden des Stalls der Maultiere zu säubern. Seine Frau trägt den Dung und das Stroh auf einer großen runden Trage nach draußen, dorthin, wo schon zuvor diese Abfälle deponiert worden sind. Während sie hin und her geht, beschwert sie sich bei ihrem Mann darüber, dass die Frau ihres Klienten, die eigentlich jeden zweiten Tag kommen sollte, um ihr auf dem Hof zur Hand zu gehen, höchstens zwei Mal in der Woche kommt. Wenn ihr Klient im Dorf ist, sorgt er dafür, dass sie regelmäßig erscheint. Jetzt ist er aber nicht da. Also wird sie kaum erscheinen, wie alle anderen Frauen der Hadidin von Tell Qelbi. Sie kümmern sich nicht um ihre Verpflichtungen. Heute morgen, fährt sie fort, erwartet sie eine Witwe aus dem Dorf, die ihr statt dessen helfen wird. Der Mann hört zu und grunzt mehr oder weniger zustimmend. Als die Witwe angekommen ist, soll sie den Sack mit Laban (Sauermilch) und Wasser für das Buttern hin und her bewegen. Sie hockt sich auf eine Matte im kühlen Schatten der Mauer, und während die beiden Frauen buttern, unterhalten sie sich. Diese Unterhaltung beginnt mit Begrüßungsformeln ... Wenn der Ehemann sich zurückgezogen hat, wird sie herzlicher, und man tauscht vorsichtig Klatsch und Informationen aus ... Die Bauersfrau hört, dass die Tochter der Witwe nicht weiß, wie man Bauernbrot backt, weil sie keinen Backofen besitzen. Aber sie hat sehr gut Nähen gelernt. Es ist allgemein bekannt, dass ihre Tochter unter den vier oder fünf Mädchen des Dorfes im heiratsfähigen Alter angesichts ihres Verhaltens und ihrer Fähigkeiten als eine der besten angesehen wird. Die Witwe hört sich das an. Ja, der älteste Sohn der Bäuerin denkt daran zu heiraten, hat sich aber noch nicht für ein bestimmtes Mädchen entschieden. Das Buttern ist beendet, der Hof gefegt. Die Bäuerin schüttelt die Matratzen und Schlafdecken aus, ehe sie sie ordentlich hinter der Truhe mit ihrem Brautschatz unterbringt. Die Witwe fegt den Raum, schüttelt die Matten aus. Dann wird der Vormittagstee aufgebrüht ... Die Bäuerin läßt die Witwe Linsen verlesen, während sie selbst das Brot backt... Während die beiden Frauen in ihrer Arbeit fortfahren, kommt plötzlich ein junges Mädchen graziös in den Hof. Sie trägt eine verzinnte Kupferpfanne voll frisch gepflückter geschälter Distelstengel, die gerne roh oder in Laban gekocht gegessen werden. Auf Anweisung der Bäuerin legt sie das Grünzeug auf ein Tablett in der Küche und verschwindet wieder. Die Witwe fragt, warum das Mädchen die Distelzweige gebracht habe, und die Bäuerin antwortet, dass sie das nicht weiß. Vielleicht hat ihr Ehemann sie gekauft. Beide wissen jedoch, dass das Mädchen, die Tochter des Dorfschulzen, im gleichen Alter wie der älteste Sohn ist und als Ehefrau für ihn in Frage kommt. Nachdem das Brotbacken beendet ist, ist es fast Mittag und Zeit für das erste Melken. Die Arbeit der Witwe ist damit beendet. Daher schüttet die

Bäuerin etliche Hände voll getrockneter Linsen in eine Pfanne, die die Witwe zu diesem Zweck mitgebracht hat, und fügt eine reichliche Portion der Distelstengel hinzu" (Heine 1993, 191 f.).

Man muß berücksichtigen, dass der Lebens- und Wirkungsbereich der Frau in einem Haushalt sämtliche Räume beinhaltet und nur bei männlichen Besuchern, die relativ selten sind, der schönste Raum, der als Empfangszimmer fungiert, von allen Damen des Hauses befreit wird. Geht man von diesem oben beschriebenen Umfeld von der Sichtweise der Frau aus, die auf einmal nach Deutschland kam und plötzlich in einer 2- oder 3-Zimmerwohnung in einer Großstadt in Deutschland leben muss, so ist das erste subjektive Gefühl einer jeden Frau eine grausame Einengung einfach vom Platz her. Die Struktur des Haushalts hat sich so kolossal geändert, z.B. hat sich der bäuerliche Herd, der mit Dung gearbeitet hat, auf einmal in einen Gas- oder Elektroherd umgewandelt. Benötigte man eine Portion Milch für den Säugling, so hat man im Heimatland die nächste Ziege oder Kuh kurzerhand gemolken. Diese kurz beschriebenen Veränderungen lassen sich in übertragenem Sinne auf alle Lebensbereiche anwenden. Man muss sich vorstellen, dass diese Änderungen immer noch die einfachsten im Leben der Frau sind. Die eigentliche Problematik setzt dann erst richtig im sozialen Bereich ein.

Zunächst befindet man sich nach der Ankunft in Deutschland in einer Begeisterungsphase aufgrund der Wahrnehmung von asphaltierten Straßen, auf denen Autos ohne Beulen und ohne Rost fahren und vor allem das Warenangebot und die dazugehörige Ordnung in den Geschäften. Dieser optische Eindruck der hiesigen Gesellschaft, den die Emigrierten gewinnen, ist zunächst sehr positiv. Die persönliche Freude ist auffällig groß. Man beschäftigt sich damit, wie man diesen Eindruck, den man hier anfänglich gewinnt, denen, die daheimgeblieben sind, vermitteln kann. Je nach Altersstruktur dieser Muslime wird die persönliche Begegnung mit einem hiesigen Individuum völlig anders erlebt. Die erste Ernüchterung kommt erst, und das unabhängig von der Altersstruktur, durch die Sachlichkeit, mangelnde Überschwnglichkeit und Höflichkeitsfloskeln in der persönlichen Begegnung. Man ist die eigene Gastfreundschaft gewohnt, man sieht auch, dass der andere viel mehr hat als man selbst. Man bemüht sich, als Gastgeber das Bestmachbare je nach eigener wirtschaftlicher Kraft dem anderen anzubieten. Spätestens wenn man selbst eingeladen ist, stellt man ernüchtert fest, dass die eigene Erwartung in den meisten Fällen wesentlich höher geschraubt war als das, was man erhält. Den ersten Schock erlebt der muslimische Migrant beim Einblick in die private Sphäre des hiesigen Deutschen, denn er stellt fest, dass die Familienbindung, die er so von der Heimat kennt, entweder in sehr geringem Maße oder gar nicht existiert. Das Individuelle innerhalb der Interaktion einer deutschen Familie erscheint den meisten von ihnen als ein Zerfall innerhalb der Familienstruktur. Der mangelnde Respekt der Jüngeren gegenüber den Älteren fällt ihnen besonders auf. Die Wahrnehmung, dass die halbwüchsige Tochter mit ihrem Freund ausgeht, wirkt wie eine Bombe. Spätestens hier erkennt der muslimische Mann, dass in der hiesigen Gesellschaft eine große Gefahr für seine patriarchalische Einstellung lauert. Die Kleider der weiblichen Wesen gepaart mit dem Freund und die alkoholischen Getränke, die man zu sich nimmt, vollenden den negativen Eindruck, den man hier gewinnt. Spätestens an diesem Punkt steht man an zwei Fronten. Auf der einen Seite möchte man diese Verhältnisse von der eigenen Familie möglichst weit entfernt halten, auf der anderen Seite will man die eigenen wirtschaftlichen Pläne realisieren. Man kam mit einem sehr positiven Bild des Deutschen und seinen Aufbauleistungen nach dem letzten Weltkrieg in das Land. Die allgemeinen Tugenden, die man vorher in der Heimat mitbekommen hatte, Fleiß, Pünktlichkeit, Sauberkeit, Ordnungsliebe... kann man in Deutschland in der ersten Begeisterungsphase nicht so bewusst wahrnehmen. Die soziale Struktur, die man durch die ersten Begegnungen kennen gelernt hat, führt unweigerlich zu einem Prozeß des sich Zurückziehens. Man kontaktiert nur noch eigene Landsleute und frequentiert häufiger die Moschee, als es normalerweise in der Heimat der Fall war. Man diskutiert miteinander über die familiären Verhältnisse, die man hier erfahren hat.

Diese Erfahrung, die der muslimische Mann hier macht, erweckt bei ihm sehr starke bewusste und unbewusste Ängste um das weibliche Geschlecht. Während er in der Heimat davon ausging, dass die eigene Ehefrau und die eigenen Töchter im Schoß der Sippe ihre Arbeit verrichten, wo er sich gar keine Bedenken um die weiblichen Mitglieder seiner Familie zu machen braucht, so wird er hier von einer ungeheuren Aufgabe als alleiniger Aufpasser in Beschlag genommen, die wiederum sein Verhalten, vor allem seiner Frau gegenüber, in Aggressivität umwandeln lässt. So wird er übergenau in der Wahrnehmung dessen, was seine Frau und seine Töchter anziehen und die Söhne fungieren hier als Helfer in der Kontrolle über das weibliche Geschlecht. Dieser Sachverhalt gepaart mit der Beobachtung der Religiosität in Europa und speziell in Deutschland wird für die überwiegende Mehrheit dieser Muslime nach eigenen Maßstäben gemessen. Diese Meßlatte läßt sich von der Häufigkeit der Kirchenbesuche bis hin zur Sprache und der Anzahl der religiösen Begriffe, die diese beinhaltet, erstrecken. Dass der Islam gerade in der Diaspora zu einem sozialen Schutzwall, hinter dem man sich vor den gesellschaftlichen „Gefahren" schützt, wurde, nimmt man nicht bewußt wahr. Der Muslim merkt nur, dass seine Religiosität stark zugenommen hat, seitdem er in Deutschland lebt. Eine solche religiöse Aktivität vermißt man häufig bei den Christen. Das Bild des Abendländers ist für viele der in der Diaspora lebenden Muslime sehr zwiespältig. Religiös, ethisch und moralisch schneidet er für sie häufig sehr schlecht ab. Sein Individualismus läßt eher an Egoismus erinnern. Genau in dieser Situation versucht der muslimische Mann, teilweise auch die muslimische Frau, sich krampfhaft am berühmten Strohhalm, die eigene Glaubenslehre, festzuklammern. Viele Verhaltensweisen, die ethnisch bedingt sind, werden zu islamisch umdeklariert. Eines der besten Beispiele in diesem Zusammenhang ist die Kopftuchproblematik.

1. Das Kopftuch als ein Pfeiler des Islam in der Diasporasituation

Zu dieser Problematik meinen meine Frau und ich folgendes: Jede Ideologie, die versucht, die Mode von Mann oder Frau für die Zukunft der Menschheit festzulegen, ist eine idiotische Ideologie und keine abrahamische Glaubenslehre. Die einzigen zwei Verse im gesamten Heiligen Buch der Muslime, dem Koran, die sich auf die Kleiderordnung beziehen, sind Sure 24, Vers 31: „Und sag den gläubigen Frauen, sie sollen (statt jemanden anzustarren, lieber) ihre Augen niederschlagen, und sie sollen darauf achten, dass ihre Scham bedeckt ist (w. sie sollen ihre Scham bewahren), den Schmuck, den sie (am Körper) tragen, nicht offen zeigen, soweit er nicht (normalerweise) sichtbar ist, ihren Schal sich über den (vom Halsausschnitt nach vorne heruntergehenden) Schlitz (des Kleides) ziehen und den Schmuck, den sie (am Körper) tragen, niemand (w. nicht) offen zeigen, außer ihrem Mann, ihrem Vater, ihrem Schwiegervater, ihren Söhnen, ihren Stiefsöhnen, ihren Brüdern, den Söhnen ..." und Sure 33, Vers 59: „Prophet! Sag deinen Gattinnen und Töchtern und den Frauen der Gläubigen, sie sollen (wenn sie austreten) sich etwas von ihrem Gewand herunterziehen. So ist es am ehesten gewährleistet, dass sie (als ehrbare Frauen) erkannt und daraufhin nicht belästigt werden. Gott aber ist barmherzig und bereit zu vergeben."

Im ersten oben erwähnten Vers der 24. Sure ist die Rede vom Schal, den die Frauen über die Brustöffnung legen sollten. Der Begriff „Schal" heißt in der arabischen Sprache „Chimar" und wird durch die phonetische Ähnlichkeit mit dem pakistanischen Begriff „Chimar", in dem die Frau von Kopf bis Fuß über das Gesicht vollkommen verhüllt ist, verwechselt. Dass die arabische Sprache eine semitische und die Sprache in Pakistan, „Urdu", eine indogermanische ist, bedenkt man jedoch nicht. Hier hat man es mit einer Analogie zum Begriff „bellen" in der deutschen und holländischen Sprache zu tun. Während in der deutschen Sprache dieser Begriff die Laute des Hundes bezeichnet, ist das im Holländischen das Läuten einer Klingel. Im oben erwähnten Vers 31 der 24. Sure liegt eigentlich ein exemplarisches Beispiel für die Bewahrung der Frauenwürde. Wie man das später im Lauf der Zeit interpoliert, liegt in der Verantwortung eines jeden Individuums und Gott allein weiß am besten, welche Intention hinter jeder Tat eines Menschen steckt.

In der Zeit des Propheten war die Brustöffnung des Kleides extrem wichtig, damit das Kind, das die Frau während der Arbeit bei sich trägt, sofort gestillt werden kann, ohne dass ihre Tätigkeit darunter leidet. Während des sich Bückens beim Arbeitsprozeß könnten die Brüste der Frau von fremden Männern eventuell gesehen werden, deshalb wurde diese exemplarische Empfehlung gegeben. Der Prophet sagte, dass die islamische Glaubenslehre an Menschen mit Verstand gerichtet ist. Im gesamten Koran kommt der Begriff „Kopftuch" überhaupt nicht vor. Allerdings gibt es in Deutschland eine Koranübersetzung eines Konvertiten, der diesen Begriff

„chimar" mit „Kopftuch" übersetzt hat. Manche deutsche Konvertitinnen, die an ihrem exotischen Erscheinungsbild gerade in der heutigen Zeit krampfhaft festhalten wollen, greifen zu dieser Übersetzung als Rechtfertigung ihrer Verhaltensweise.

Im zweiten oben erwähnten Vers ist von den Gewändern die Rede, was demzufolge mit „Kopftuch" gar nichts zu tun hat. Hier geht es nur darum, dass die weibliche Figur durch die Kleiderenge nicht ersichtlich ist. In beiden Versen geht es um exemplarische Beispiele für die Wahrung der Frauenwürde. Hier soll deutlich werden, dass das Weib kein Lustobjekt darstellen sollte. Ein extremes Beispiel für die Verdeutlichung dessen, was die Glaubenslehre beinhaltet, soll folgendes darstellen: Wenn ich mit meiner muslimischen Frau an einem FKK-Strand spazieren gehe und sie einen superknappen Bikini trägt, so hat sie als Muslimin die islamischen Vorschriften erfüllt.

Keine abrahamische Religion wirkt wie ein Pflock, an dem der Mensch in seiner Entwicklung fest angebunden wird und gerade der Islam schenkte in der Maurenzeit von 711 bis 1492 auf der Iberischen Halbinsel dem Abendland das naturwissenschaftliche Fundament für den heutigen technischen und wissenschaftlichen Fortschritt. Man denke an die arabischen Zahlen, an die Grundlagen der Astronomie, Medizin, Physik... und die arabischen Lehnwörter in der deutschen Sprache wie Matratze, Kapitän, Kaffee, Tasse usw. Gerade das Kopftuch in der Diasporasituation ist in Wahrheit für die meisten älteren Musliminnen ein Symbol für die Männerherrschaft, für manche jüngere Damen stellt das Kopftuch in der letzten Zeit eine Parallele zur Frauenemanzipation in Europa dar. Man will damit den Mitmenschen mitteilen, dass das Tragen des Kopftuchs die ureigene

Entscheidung ganz unabhängig von der Religion ist und die anderen haben eben die Kopftuchträgerin so zu akzeptieren wie sie aussieht.

Angenommen das Kopftuch wäre eine islamische Vorschrift, das die Frau bei der Suche nach Arbeit in Deutschland und Europa behindert, so gäbe es islamisch „Hukm Al-Muttarra", was „das Recht der Gezwungenen" bedeutet. Nach einem der wichtigsten Prinzipien der islamischen Glaubenslehre, nämlich dass der Glaube das Leben erleichtern soll und nicht erschweren, hat hier der Kampf um das Überleben die absolute Priorität. Die Jobsuche, von der das eigene Überleben abhängt, hat die also absolute Vorfahrt vor dem Tragen des Kopftuchs. Hierin wäre die Gelegenheit für die gebildete Muslimin, mit dem Ablegen des Kopftuchs einmal sich von der Herrschaft des Mannes zu befreien und zudem für die eigene wirtschaftliche Souveränität zu sorgen. Das Problem liegt also im fehlenden korrekten Wissen um die eigene Glaubenslehre.

Genau so war die Situation der Frau in Europa im Mittelalter und bis weit in die Neuzeit hinein, nur noch viel schlimmer durch die Hexenverbrennungen und Inquisition. An dieser Stelle muss erwähnt werden, dass jede Religion eine Ideologie darstellt und es gehört leider zur physischen Natur einer jeden Ideologie, missbraucht zu werden. Was die Situation der Frau anbetrifft, so wird leider die Religion von Männern missbraucht, um die Frau in irgendeiner Form beherrschen zu können. Bei manchen Kulturen ist das früher, bei anderen etwas später.

2. Einfluß der Diasporasituation auf die Erziehung der muslimischen Migrantenkinder

Dieser im vorigen Kapitel erwähnte Kulturschock manifestiert leider das Patriarchat bei der Erziehung der Kinder. Da in der muslimischen Migrantenfamilie der Mann in seinem Sohn den Helfer sieht, der auf das weibliche Geschlecht mit aufzupassen hat, führt dies dazu, dass der Herr minderjährige Sohn wie ein Prinz erzogen und seine Schwester beinahe wie eine Sklavin behandelt wird. Der Junge braucht nicht einmal zu sagen, dass er Durst hat, er braucht nur auf das leere Wasserglas zu zeigen und so haben Mutter oder Schwester zu springen um ihm ein volles Glas zu bringen. Diese Grundhaltung wird von der Grundeinstellung gestärkt, die man von der Heimat mitgebracht hat, nämlich der Junge muss für die Eltern sorgen, wenn sie nicht mehr arbeiten können, das Mädchen dagegen wird der Familie ihres Mannes gehören. Das Wissen um die Rentenversicherung für Immigranten in den europäischen Ländern kommt kaum zum Zuge, da man im Bewusstsein lebt, später ins Heimatland zurückzukehren um dort zu sterben.

Interessant ist diese familiäre Situation in deren Wirken später auf die schulische Situation des Kindes. Für den Jungen beginnt ein böses Erwachen, indem er feststellt, dass er einer von vielen ist. Diese Situation gepaart mit den Vorurteilen, die die jugendlichen Muslime bewusst oder unbewusst wahrnehmen, führt zu Belastungssituationen in verschiedenen Lebensbereichen. Wilhelm Heitmeyer, Joachim Müller und Helmut Schröder haben diese Problematik in ihrem Buch „Verlockender Fundamentalismus" erfasst und wissenschaftlich untersucht.

Die folgende Tabelle belegt dies (Heitmeyer/Müller/Schröder 1997, 52).

Tab. 1.1: Belastungssituation türkischer Jugendlicher (Angaben in Prozent)

	bereits erlebt	davon haben als starke bzw. sehr starke Belastung erlebt
Streitigkeiten in der Familie	64,6	33,9
Tod eines Familienangehörigen	61,7	50,4
Abbruch einer wichtigen Freundschaft	57,5	46,3
Schwierige finanzielle Situation	52,7	27,7
Sitzenbleiben in der Schule	48,8	33,2
Umzug mit Verlust der Umgebung und von Freunden	47,5	24,8
Schulwechsel, den ich nicht wollte	40,8	29,4
Tod eines(r) wichtigen Freundes/Freundin	35,8	50,8
Ärger mit Behörden oder Polizei	35,5	29,3
Arbeitslosigkeit eines oder beider Elternteile	35,2	27,0
Schwierigkeiten, einen Ausbildungsplatz zu finden	33,0	38,2
Abbruch der Schulausbildung	20,9	17,7
Neue Partnerin/neuer Partner eines Elternteils	18,5	18,4
Scheidung oder Trennung der Eltern	17,9	33,0
Veränderungen im Ausbildungsverhältnis	17,7	22,6

Frage: »Welche der folgenden Ereignisse haben Sie bisher erlebt, und wie stark haben diese Sie belastet?«

Des weiteren heißt es dort: „Ein Leben zwischen den Kulturen drückt sich gerade in der Diaspora u. U. auch in Fragen der Gruppenzugehörigkeit aus. Um dabei das Verhältnis zwischen (ethnischer) Gemeinschaft und (dominierender fremder) Gesellschaft zu kennzeichnen, ist es angebracht, die Spannung deutlich zu machen, die zwischen den Forderungen der türkischen Gemeinde, wie die Jugendlichen leben *sollen,* und den Möglichkeiten, wie die Jugendlichen sich vorstellen, in Deutschland leben zu *können,* existiert. Mehr als die Hälfte aller Befragten empfindet die daraus resultierende Spannung als stark (36%) oder sehr stark (15,7%). Die Mehrheit der türkischen Jugendlichen untersteht also der erheblichen Anforderung, die sich ihnen bietenden Freiheitsgrade auf der einen und die an sie gestellten Ansprüchen auf der anderen Seite auszubalancieren. Dies ist auch deshalb von Bedeutung, weil erhebliche Abgrenzungswünsche der Eltern zur deutschen Gesellschaft bestehen. So geben 19% aller Jugendlichen an, dass die Eltern sehr großen, und 31,4%, dass sie großen Wert darauf legen, dass ihre Kinder ein von Deutschen verschiedenes Leben führen, während sie gleichzeitig in Schule und Freizeit permanent den kulturellen Erwartungen der Mehrheitsgesellschaft ausgesetzt sind und diesen vor dem Hintergrund der Integrationserwartungen und -bemühungen auch genügen müssen... Eine nach dem Geschlecht leicht unterschiedliche Betonung der Differenz findet sich auch bei der (Un-) Vereinbarkeit von westlicher Lebensweise und muslimischer Integrität. So sind eher die Jungen (69,1 %) als die Mädchen (60,3%) der Meinung, dass die aus fundamentalistischer Sicht besonders kritisierten »westlichen Sitten« wie der Konsum von Alkohol oder die sexuelle Freizügigkeit den Charakter von Muslimen »verderben« würden. Während man vermuten kann, dass ein Großteil der türkischen Jugendlichen - insbesondere der Jungen - sowohl in bezug auf den Konsum von Alkohol als auch auf das Erleben von Sexualität sich kaum von deutschen (»westlichen«) Jugendlichen unterscheidet, verdeutlicht die insgesamt überaus hohe Zustimmung zu diesen Problemen sehr plastisch den kulturellen »Spagat«, den türkische Jugendliche zumindest auf der Ebene von Einstellungen vollziehen" (ebd. 153 f.). Der in diesem Zitat erwähnte Alkoholgenuß und die sexuelle Freiheit, die sich muslimische Jungen zu eigen machen, sind meistens den Schwestern bekannt. Allerdings behalten das die Mädchen für sich aus Angst vor dem Bruder und vor allem aus Rücksicht auf den familiären Frieden.

So wird der Jugendliche oft laut Statistik zu einem Schulabbrecher oder er geht unter dem Deckmantel der Religion zu einer fundamentalistischen religiösen Organisation. Das Mädchen, wie meine Frau und ich während unserer Tätigkeit im Lehrberuf festgestellt haben, beginnt in übertragenem Sinne endlich einmal frische Luft zu schnuppern. Die muslimischen Mädchen sind wesentlich fleißiger als die vermeintlichen „Herren der Schöpfung", haben auch Ziele für ihre Traumberufe, bis der Zeitpunkt kommt, wo sie in die Heimat geschickt werden, um dort mit jemandem, den sie kaum kennen, verheiratet zu werden. Für die männlichen Angehörigen des Mädchens stammt die Hauptmotivation für diese Verhaltensweise aus der Angst vor dem Verlust seines Gesichts sowohl vor den Landsleuten in der Diaspora als auch später vor denen in der Heimat. In diesem Spiel zwischen Mann und Frau müssen sowohl althergebrachte ethnische Traditionen als auch die eigene Religion herhalten. Die eigentliche Triebkraft aber ist in der Tat die Angst davor, dass die eigene Schwester oder Tochter sich eventuell in einen Christen verliebt und ihn möglicherweise später heiratet. Falls dieser Fall eintritt, so wird versucht, den nichtmuslimischen Mann zumindest der Form halber zum Islam zu bekehren. Bei diesen Geschehnissen diente die Konversion zum Islam nur der Gesichtswahrung der Angehörigen der muslimischen Frau. Diese Situationen traten erst dann ein, wo eine Heirat stattfinden musste, weil eben ein Kind zu erwarten war. Die Annahme der islamischen Glaubenslehre von der Seite des nichtmuslimischen Mannes diente den Angehörigen der muslimischen Frau als eine Art Schadensbegrenzung. Ein uneheliches Kind stellt die schlimmste Form einer Schande dar und käme einem Mord des Ansehens der ganzen Sippe gleich. Konvertiert der fremde Ehemann zum Islam, so stellt dies ein sozialer und religiöser Gewinn dar, auch wenn die Hauptmotivation des

Konvertierten mehr die Liebe zum muslimischen Mädchen, das man ehelichen sollte als die Liebe zur neuen Religion ist. An dieser Stelle wird ein sehr wichtiger Prozeß, nämlich der der Konversion, von muslimischer Seite sehr leichtfertig vollzogen. Um jemanden zum Islam zu bekehren, braucht man nur zwei muslimische Zeugen, die vor sich und vor Gott bezeugen, dass dieser Mensch von dem Augenblick an, wo er das islamische Glaubensbekenntnis ausgesprochen hat, ein Muslim ist. Verwaltungsmäßig erfolgt hier absolut nichts. Man könnte sich freiwillig bei irgendeinem islamischen Konsulat als Muslim eintragen lassen. Dieser Vorgang ist aber ein rein weltlicher Akt und theologisch völlig belanglos.

Man lebt im Bewusstsein, dass Juden und Christen auf die Ebene der Ungläubigen zu stellen sind, wobei das hier in absolutem Widerspruch zum Koran steht. In Sure 5, Vers 57 heißt es: „O ihr, die ihr glaubt, nehmt euch aus den Reihen derer, denen das Buch vor euch zugekommen ist, nicht diejenigen, die eure Religion zum Gegenstand von Spott und Spiel nehmen, und auch nicht die Ungläubigen zu Freunden. Und fürchtet Gott, so ihr gläubig seid." Dieser Vers wurde in der medinensischen Zeit geoffenbart, in der die Muslime den ungläubigen Mekkanern, wobei hier „ungläubig" sich auf Menschen bezieht, die weder Juden noch Christen sind, sondern Leute, die steinerne Fetische anbeten, zahlenmäßig hoffnungslos unterlegen waren und gerade in dieser für die Muslime kritischen Phase haben die Juden die Friedensverträge mit dem Propheten hinterrücks gebrochen. So war laut diesem Vers die Heirat mit Juden und Christen, die die islamische Glaubenslehre zum Gegenstand von Spott genommen haben, verboten, d.h. eine muslimische Frau darf einen Juden und einen Christen heiraten, der den Islam ernst nimmt, ohne seine eigene Religion abzulegen, in Anbetracht der Tatsache, dass die Heirat einer Muslimin mit einem Nichtmuslim in diesem kritischen Zeitabschnitt einem Hochverrat gleichkäme.

Leider meinen fast alle Muslime heutzutage, dass das Heiraten zwischen einer Muslimin und einem Juden bzw. Christen absolut verboten ist und zwar mit folgender Begründung: Da der Islam die jüngste abrahamische Religion ist, die die beiden älteren abrahamischen Religionen als Gottes Religionen anerkennt und manifestiert, so muss ein muslimischer Mann, der eine Jüdin oder Christin heiratet, dafür sorgen, dass seine Frau ihre Religion ausüben kann. Da aber die beiden Religionen, das Judentum und das Christentum, vom Islam nichts wissen, weil dieser historisch gesehen später kam, so braucht ein Jude oder ein Christ nicht dafür zu sorgen, dass seine muslimische Frau ihre Religion ausüben kann. Daraus machen die Väter von muslimischen Mädchen ein absolutes Verbot, jüdische oder christliche Männer zu heiraten. Dass das koranisch nicht konform ist, liegt klar auf der Hand.

Solche Mädchen sind natürlich in den Heimatländern sehr beliebte Bräute, denn man heiratet sie meist nicht um ihretwillen, sondern um Deutschland willen und genau hier werden die europäischen Bedingungen für den Zuzug von Ausländern umgangen. Das Mädchen, das hier geboren ist, hat die hiesige Staatsangehörigkeit und darf seinen Ehemann legal mit hierher bringen.

Die meisten dieser Ehen halten oft nur dann, so lange ein sozialer Druck seitens der Familie des Mädchens existiert. Gerade in der letzten Zeit bei der aktuellen Arbeitslosigkeit und beim Bildungsgrad der neu nach Deutschland gekommen meist aus ländlichen Gebieten stammenden Bräutigame dieser Mädchen ist die Möglichkeit für diese Männer, Arbeit im Migrationsland zu finden, sehr gering. Fehlt der oben erwähnte soziale Druck auf die junge Familie, weil das Mädchen mit dem von ihm von der Heimat mitgebrachten Mann weit weg von ihren Eltern arbeiten muss und es die Alleinverdienerin ist, so geht meistens diese junge neugeschlossene Ehe in die Brüche. Manche dieser Mädchen, die endlich einmal vom Patriarchat des eigenen Vaters, der eigenen Brüder und des Ehemannes befreit worden sind, werden häufig ein Opfer der Moderne. Sie haben nicht vergessen, welche Freiheiten ihre Brüder in Bezug auf den Alkoholgenuß und die Sexualität genossen haben. So herrscht hier ein Nachholbedarf. Diese Erscheinung ist die allerneueste unter den Mädchen aus Migrantenfamilien, die hier geboren werden. Glücklicherweise ist die Zahl dieser Fälle relativ gering und es gibt darüber leider keine offiziellen Statistiken.

III Die Situation des abendländischen Individuums im Rahmen der Moderne in kritischer Betrachtung

Folgende Geschichte ist meiner Frau und mir wirklich passiert. Der Sohn meines Cousins in Ägypten wurde von uns nach Deutschland eingeladen. Er war 17 Jahre alt und war noch nie in seinem Leben außerhalb Ägyptens gewesen. Als wir ihn vom Frankfurter Flughafen abgeholt haben, durfte er neben mir als Beifahrer sitzen. Meine Frau wollte ihm eine Freude machen, indem sie ihm ihren Platz angeboten hat und unsere Kinder waren auch dabei. Er saß neben mir und schaute so auf die Fahrbahn, als ob er etwas suchen würde. Ich fragte ihn, nach was er suche und er antwortete: „Onkel, ich habe bis jetzt keinen einzigen Eselskarren gesehen." Über diesen Satz haben wir, meine Familie und ich, uns während der Fahrt köstlich amüsiert. Nach einer Weile sagte der junge Besucher, der in Kairo geboren ist und dort die ganze Zeit lebte: „Onkel, so viele Mercedes und BMWs ohne Lackschaden, Rost und Beulen habe ich noch nie in meinem Leben gesehen. Dieses Volk muss ein glückliches Volk sein!"

Für seine Generation gerade in Ägypten bedeuten Mercedes, BMW, Coca-Cola und McDonalds die Verkörperung des Glücks und den eigentlichen Maßstab für Reichtum und Fortschritt. Nachdem es in Deutschland solche Dinge in Hülle und Fülle gibt, nahm er an, dass das Glück in Deutschland beheimatet ist. Gerade solche Informationen werden über die Satellitenanlagen im Prozeß der Globalisierung über die ganze Erde verbreitet, d.h. man empfängt rund um die Uhr amerikanische und europäische Sender. Man sieht bei den Filmen, die man sich anschaut, welche Errungenschaften sich der Mensch leisten kann. Wie man aber sein Geld verdient, wie lange am Tag man dafür arbeiten muss und mit welcher Ernsthaftigkeit die

Arbeit wahrgenommen wird, das wird kaum gezeigt. Mit anderen Worten, die Gegenleistung wird bewusst oder unbewusst nicht veröffentlicht, es wird nur die Schokoladenseite des Lebens in Amerika und Europa dargestellt. Hierin liegt exakt der Quell dessen, warum man meint, man brauche nur dorthin zu gehen, um über Nacht reich zu werden. Das Geld liegt so gesehen auf der Straße. Aus diesem Grunde haben wir die Motivationen zur Emigration. Was das Ansehen der Frau im Abendland angeht, so schneidet sie leider katastrophal ab. Man macht in den Ländern anhand der gezeigten Filme die Erfahrungen virtuell mit, die die ersten Emigranten in Deutschland muslimischerseits Anfang der sechziger Jahre gemacht haben, wodurch es zur Selbstisolierung dieser Gruppierung aus Angst um das weibliche Geschlecht innerhalb der eigenen Familie gekommen ist wie bereits oben beschrieben. Man sieht in den Filmen Freundschaften zwischen Jungen und Mädchen unter Teenagern, man erkennt die sexuelle Freiheit, vor allem die Kleider der Frauen, die gerade das Bild der Frau sehr negativ beeinflussen. Durch Gespräche mit jungen Ägyptern in Kairo haben diese mir vor allem in den Situationen, wo meine Frau nicht dabei war, zu verstehen gegeben, als ob die Frauen in Deutschland und in den europäischen Ländern auf Flughäfen und in Bahnhöfen auf ausländische Männer warten, die sie gleich mit ins Bett nehmen können. Dieser Eindruck entsteht vor allem durch erotische Sendungen, die ab Mitternacht ausgestrahlt werden, bei denen die Frauen sich völlig nackt ausziehen oder durch die pornoartigen Reklamen für Telefonsex. Auf diese Sendungen wurde ich zum ersten Mal in meinem Leben in Kairo durch manche Jugendliche, die mir ihre negativen Einstellungen gegenüber der europäischen Frau beweisen wollten, aufmerksam gemacht. Stellt man diese virtuellen Wahrheiten neben den Tatbestand, dass die Mädchen dort als Jungfrauen in die Ehe gehen müssen, so wird einem diese kulturelle Kluft zwischen dem Morgen- und dem Abendland deutlich. Interessanterweise aber sind es im Orient die Teenager und unverheiratete Männer, die solche Fernsehsendungen gern genießen. Gerade diese Männer jedoch sind die ersten, die auf der Jungfräulichkeit ihrer zukünftigen Frau bestehen. Man genießt zwar diese abendländischen „Errungenschaften" und dass gerade dies zu einer Versteifung im Erhalt der eigenen Traditionen führt, ist meistens das Ergebnis dieser Vorgänge. Man hat es hier mit einer Schizophrenität der Grundeinstellungen der sogenannten modernen Männer in den sogenannten islamischen Ländern zu tun. Man genießt gern das fremde Weib, man missbraucht es, solange es um eine fremde Frau geht. Dass diese Einstellung im Widerspruch zur islamischen Grundhaltung steht, liegt klar auf der Hand und das wissen auch alle Männer in den dortigen Ländern. Was Essen und Trinken anbetrifft, so hat das mit einer Sünde nichts zu tun. Die Bestätigung dafür soll der folgende Tatbestand verdeutlichen.

In Ägypten freue ich mich mit meiner Familie über das nationale Essen, wenn wir dort zu Besuch sind und gerade in der letzten Zeit mussten wir feststellen, dass die Ägypter, die es finanziell zu etwas gebracht haben, ihre Liebe zu uns in der Form zum Ausdruck bringen, indem sie uns den berühmten „Big Mäc" und Coca-Cola anbieten und sehr darüber staunen, wenn wir das ablehnen und lieber einheimische Kost verlangen. Diese oben erwähnten Errungenschaften sind leider für viele Dritt- und Viertländer das Symbol schlechthin für den Fortschritt.

Eine Woche später kam mein Neffe (der arabische Verwandtschaftsbegriff strukturiert sich in Verwandtschaftsebenen, d.h. die Söhne und Töchter meiner Onkel und Tanten stehen auf der gleichen Ebene wie meine Geschwister und deren Eltern stehen auf der Ebene meiner Eltern usf.) zu mir und konfrontierte mich mit folgender Beobachtung: „Onkel, ich verstehe eines nicht. Die Leute steigen aus einem Mercedes oder BMW aus, aber wie sie aus der Wäsche schauen, so machen mir ihre Gesichter angst. Man sieht ihnen an, wie ihnen das Unglück ins Gesicht geschrieben ist. Wie kommt es überhaupt dazu?"

Diese Fragestellung war für mich der Beweis dafür, dass hier die Struktur seiner Vorstellung von Fortschritt und Glück, die bis jetzt in kausalem Zusammenhang gestanden sind und das nicht nur in seiner persönlichen Sichtweise, sondern in der aller jungen Männer seiner Generation in Dritt- und Viertländern, die in Wahrheit das Opfer des durch die Sat-Anlagen vorgegaukelten Fortschritts darstellt, zerstört worden ist. Leider macht diese Erfahrung nur einer von ihnen.

Ich antwortete ihm: „Vielleicht ist es die göttliche Gerechtigkeit!" Seine Onkel, d.h. Cousins von mir, die noch auf dem Dorf leben, stehen mit der Sonne auf, halten sich am Kuhschwanz fest, gehen gemeinsam mit dem Esel zum Feld, bestellen es den ganzen Tag über mit einfachsten Geräten und leben am Rand des Existenzminimums. Abends kommen sie lachend nach Hause und bedanken sich bei Gott für das einfachste Essen, das man überhaupt bekommen kann. Die Fähigkeit zum Lachen und ein freundliches Gesicht mit sich zu tragen haben alle in allen Altersstufen, auch wenn sie uralt und zerbrechlich sind.

Dieser Tatbestand ist der Beweis dafür, dass die moderne Entwicklung der Industrieländer nicht menschenkonform ist. Die elementarsten Bedürfnisse des Individuums bleiben irgendwo bei der modernen Entwicklung auf der Strecke. Diese neutrale Beobachtung eines kulturell noch unschuldigen jungen Menschen gab meiner Frau und mir einen Impuls zum Nachdenken über die Problematik. Geht man dieser Frage nach, so stellt man fest, dass der Alltag des Individuums in der Moderne leider keine Freiräume, in denen die ursprüngliche Natur des Menschen zum Zuge kommen kann, läßt.

Beim Nachdenken darüber fiel mir meine anfängliche Zeit in Deutschland ein.

Als ich mit 49 ägyptischen Abiturienten im Jahr 1961 nach Deutschland kam, hatten wir alle ausnahmslos mit einem deutschen Satz Probleme gehabt. Dieser Satz lautete: „Ich habe keine Zeit." Wir meinten in unserer Denkstruktur, wer keine Zeit hat, müsse eigentlich tot sein. Dieser Satz war uns völlig fremd, bis wir angefangen haben im Rahmen des Maschinenbaupraktikums 8 Stunden am Tag in der Fabrik zu arbeiten. Danach waren wir alle so weit, dass wir auch angefangen haben zu lügen, d.h. als wir nach Feierabend eingeladen wurden, sagten wir auch, dass wir keine Zeit haben, weil wir nicht in der Lage waren, nach 8 Stunden Hackordnung überhaupt das Leben zu genießen geschweige denn zu lachen. Jeder von uns wollte nur in Ruhe und Frieden gelassen werden. Als wir einige Monate später begannen, deutsch zu verstehen, saßen wir am Abend die ganze Zeit vor dem Fernseher, bis wir ins Bett gingen. Damals wohnten wir in einem Jugendheim in Bad Ditzenbach bei Göppingen. Wir haben alle als junge Abiturienten ein viel schöneres Leben in Deutschland erwartet. Nun war das der erste kulturelle Schock, den wir erlebt hatten. In Ägypten hatten wir völlig andere Prioritäten gehabt. Die Verwandtschaft, die Freundschaften, der Genuß des eigenen Daseins hatte die absolute Priorität vor der Arbeit. Dort konnten wir herzhaft lachen, nach den eigenen älteren Angehörigen schauen, ob sie etwas benötigen und wir etwas für sie tun konnten usw. Glücklicherweise gab es in der Zeit vor 1961 keine Sat-Anlagen und unsere Vorstellungen vom Abendland hatten wir alle vom Kino. Nun mussten wir in Deutschland die bittere Erfahrung machen, dass das Leben hier nichts mit den Kinofilmen zu tun hat.

Das Alltagsleben, das durch 24 Stunden am Tag begrenzt wird, besteht für den aktiv arbeitenden Menschen aus 8 Stunden Schlaf, 8 Stunden Arbeit unter der Hackordnung und die letzten 8 Stunden sind für die meisten Arbeitnehmer in Wahrheit häufig ein Dämmerzustand, die von den Medien beherrscht werden.

Jeder weiß, dass für jedes neue Produkt, das hergestellt wird, ein Bedarf bestehen soll. Gibt es kein Bedürfnis für dieses Produkt, so wird dieses künstlich durch gezielte Werbung in den Medien geweckt. Für die Fernsehsender spielt die Einschaltquote eine sehr große wirtschaftlich existientielle Rolle. Je höher diese Quote ist, die man durch Sensationen erreicht, desto mehr kann der Sender für seine Reklame verlangen. Die Erhöhung der Einschaltquote erreichen die Medien durch sensationelle Berichte. So erweckt man die Neugier des Zuschauers bzw. des Lesers, d.h. die Sensation sorgt für den wirtschaftlichen Umsatz.

Einen Beweis für diese Aussage stellen die Geschehnisse auf Djerba in Tunesien dar. Dort existiert eine der ältesten jüdischen Gemeinden in Nordafrika. Man lebte bis zum Anschlag sehr friedlich mit den Tunesiern zusammen. Dieser Tatbestand war bis zum Zeitpunkt des Anschlags so unbedeutend, dass kaum jemand in Deutschland oder irgendwo anders in Europa von dieser Gemeinde davon Kenntnis genommen hat abgesehen von den Touristen, die dies in einem Urlaub dort zufälligerweise mitbekommen haben. Ab dem terroristischen Anschlag, bei dem leider mehrere Menschen ums Leben kamen, war diese die Existenz dieser jüdischen Gemeinde für alle Medien in Europa sehr wichtig. Bei aller Liebe zur Objektivität und der wahren Berichterstattung zwingt die Wirtschaft die Medien zu sensationellen Berichten, auch wenn das manchmal auf Kosten des Ansehens anderer Kulturen oder Religionen geht. Als Muslime müssen wir hier die Frage stellen, ob diese Vorgehensweise christlich ist.

Man kann behaupten, dass das Kapital im Grunde genommen das Individuum in der sogenannten modernen Gesellschaft steuert, ohne dass der einzelne das bewusst wahrnimmt. Dank der Entstehung von Notwendigkeiten für Produkte, für die es kein natürliches Bedürfnis gibt, wird dem Menschen eine künstliche Notwendigkeit durch das ständige Wiederholen in allen Medien einsuggeriert, so dass der einzelne bald glaubt, er kann ohne dieses Produkt nicht leben.

Genau hier wird dem Menschen erzählt, wie er sich anzuziehen hat (Mode), was gut schmeckt an Essen und Trinken, welche Verhaltensweisen modern sind und welche nicht, man gaukelt ihm mit einem Wort vor, was Glück ist. Ob dieses mit dem wahren Glück der Gattung Mensch etwas zu tun hat, ist eine völlig andere Frage! Mit anderen Worten hat man es hier mit einem Entfremdungsprozeß zu tun, der in Wahrheit dank der Kapitalinteressen aus dem Individuum einen „Homo konsumicus" macht. Dieser schleichende Entfremdungsprozeß wirkt genau in der sogenannten Erholungsphase des Menschen, d.h. die Zeitspanne nach der alltäglichen Arbeit und dadurch ist seine psychologische Wirkung umso kräftiger. Es würde jeden Menschen zu viel Energie kosten, sich davon zu trennen, um auf die ureigene innere Stimme zu hören, damit er erfährt, welche Bedürfnisse er in Wirklichkeit hat. Arabisch gesprochen macht man aus den Kamelen Pferde. Es mag sein, dass die Pferde eventuell schöner sind als die Kamele, aber sind sie dann mit der Realisierung eines ihnen aufoktroyierten Glücks wirklich glücklich?

In diesem Entfremdungsprozeß hat der Individualismus vermeintlich eine sehr hohe Bedeutung. Durch das Einkaufen der neuesten Produkte meint man, sich von dem Rest der Massen abzuheben und damit ist man innerlich befriedigt, weil man in das eigene Ich investiert hat. Mir fällt dazu der folgende Werbeslogan ein: „Ich kaufe es mir, weil ich es mir wert bin." Diese Pseudostärkung des eigenen Ichs benötigt man erst recht gegenüber seinen Mitmenschen und gerade im Betriebsklima, wo die Hackordnung beheimatet ist, glaubt man, dieses Gefühl unbedingt haben zu müssen. Man meint, gerade in der Hackordnung seine eigene Individualität einsetzen zu müssen, um sich besser zu schützen. Der Preis, den man dafür bezahlt, ist horrend hoch, nämlich die menschliche Eigenschaft als Gemeinschaftslebewesen. Man hat vergessen, dass wir Menschen soziale Wesen sind, die in Staaten und Gruppierungen leben analog zu den Ameisen. Für die Wirtschaft ist das natürlich sehr gut, weil man als Individualist (Single) seinen eigenen Kühlschrank, Fernseher, Waschmaschine ... benötigt, was für den Konsum hervorragend ist. Diese Situation ist für das Unternehmerkapital besser als verheiratet zu sein oder in einer Großfamilie zu leben, denn dabei wird höchstens die Hälfte der Konsumgüter gebraucht. Diese Entwicklung, die anhand dieser wenigen Beispiele dargestellt wurde, zeigt auf, warum die Kausalität zwischen dem technischen Fortschritt, der eigentlich zur Lebenserleichterung und damit zur höheren Lebensqualität führen sollte, und der Zunahme des Lebensglücks nicht vorhanden ist. Ein Grundsatz heißt: Jede an der menschlichen Natur vorbeigeplante Entwicklung, gleichgültig, wie gut sie gemeint ist, ist nicht nur wertlos, sondern eher zerstörerisch. An dieser Situation sind sowohl der Mann als auch die Frau leidtragend und gerade das sensible Feld der Beziehung zwischen beiden wird erst recht zerstört. Genau hier ist die Frau mit ihren Kindern die besonders Leidtragende. Als eine schlimme Folge des Individualismus, der in der Moderne hochgehalten wird, resultiert das Abnehmen der Fähigkeit, als Gemeinschaftslebewesen zu fungieren. Dies zeigt sich in der

Schwierigkeit, feste Bindungen einzugehen, wofür die hohe Scheidungsrate ein eindeutiger Indikator ist. Mehr als die Hälfte aller Ehen wird derzeit wieder geschieden. Zu den Gründen zählen u. a. die geänderten Erwartungen, die an eine Partnerschaft gestellt werden. Eine partnerschaftliche Beziehung soll in erster Linie Freude machen. Diese hohe Erwartung kann nicht immer erfüllt werden, oft stellt sich heraus, dass die Interessen der Partner bzw. deren Vorstellungen von einem gemeinsamen Leben als Endprodukt der Wirkungsweise der Moderne auf das Individuum doch zu unterschiedlich sind.

1. Allgemeine Betrachtungen zur Situation der Frau in der Moderne

Diese oben beschriebene Situation hat ihre Konsequenzen allgemein für die Frau. Es ist ihr von Natur aus vorgegeben, Mutter zu sein. Diese Aufgabe und deren göttlicher Inhalt ist den meisten Menschen auf der Erde kaum bewusst. Dass diese Tatsache im Grunde genommen der Kern der Arterhaltung der Menschheit darstellt, wird von den meisten Männern heruntergespielt. Ausgerechnet hier wurde vom Allmächtigen der höchste Genuß innerhalb der Interaktion Mann–Frau mit der Arterhaltung verbunden. So gesehen ist eigentlich die Frau die Erhalterin der menschlichen Art bzw. sie trägt den Hauptanteil daran in Form von Schwangerschaft, Geburt und Bildung einer gesunden menschlichen Seele durch den frühesten Kontakt zwischen ihr und dem Säugling. Der Mann hat nur die Rolle des Besamers. An dieser Stelle muss ich gestehen, dass dies die Worte meiner Frau sind und ich krampfhaft versucht habe, dagegen an zu argumentieren. Ich musste aber schließlich zugeben, dass sie absolut im Recht ist.

In der Zeit nach dem Anbruch des Industriezeitalters in Europa, abgesehen von den ländlichen Gebieten, wo die Frau auf dem Feld mitgearbeitet hat, war der Mann der Geldverdiener und die Frau konnte ihr Mutterdasein, die Kindererziehung und für den verständigen Mann die Rolle der Ehefrau voll übernehmen. Die Bäuerin auf dem Feld hatte zwar ihre Arbeit auch zu verrichten gehabt, allerdings war das Kind je nach Alter entweder bei ihr auf dem Rücken oder es hing in einem Tuch unter der Brust. Die älteren Kinder haben entweder bei der Arbeit mitgeholfen oder sie waren bei Verwandten daheim. Mit anderen Worten die Frau konnte bei dieser Arbeitsstruktur, die es heute noch überall auf der Welt gibt, die Arbeit um den Lebenserhalt mit ihrem Mutterdasein sehr gut vereinbaren. Klar gab es Männer, die aufgrund ihrer Position des Geldverdieners die Frau beherrschen wollten. Diese Situation ist erst dann möglich, wenn die Arbeitsstätte des Mannes getrennt ist vom häuslichen Umfeld, in dem die Frau mitwirken konnte. An dieser Stelle muss erwähnt werden, dass die Einführung des Haushaltsgelds ein Beweis dafür war, dass beide, Mann und Frau, nicht mehr miteinander, sondern teilweise nebeneinander gelebt haben. Es ist für das Verständnis von meiner Frau und mir unter der Würde einer jeden Mutter und Hausfrau, vom Haushaltsgeld des Mannes abhängig zu sein. Die Wirkungsweise der Moderne auf das Familienleben sorgt für eine solche starke Abhängigkeit der Frau von der Materie, dass sie auf ihre elementare natürliche Rolle z.T. verzichten muss. Dieser Mechanismus geht so weit, dass seine Wirkung auf die demographische Entwicklung der Gesellschaft sichtbar wird.

Eine Bestätigung hierfür zeigt folgendes Zitat aus dem Sonderheft der Schriftenreihe des BiB (Bundesinstitut für Bevölkerungsforschung) 2004: „Worin unterscheiden sich der Erste und der Zweite Geburtenrückgang aus der Sicht der Familienbildung? Im Ersten Geburtenrückgang bildete sich die heutige „Normalfamilie", in der zwei Generationen leben, heraus. Vorherrschender Familientyp wurden die auf Liebe und Ehe gegründeten Eltern-Kind(er)-Familien, in denen die Kinder eine wachsende Zuneigung und Aufmerksamkeit erfuhren. Frauen sind in diesem Modell auf den Haushalt verwiesen. Im Zweiten Geburtenrückgang beginnt die alleinige Dominanz dieser Familienform zu schwinden. Ausgelöst durch Individualisierungstrends in der Gesellschaft werden neben der Familienorientierung Werte wie Erwerbstätigkeit, Selbstverwirklichung, Anerkennung außerhalb der Familie immer bedeutsamer. Die Biographieverläufe sind nicht mehr so eng an traditionellen sozialen Institutionen wie der Familie orientiert. Heiraten und Kinder haben wird weniger selbstverständlich. Das ist die Grundlage, auf der sich neben der Familie vom Grundmodell abweichende, auch kinderlose Formen des Zusammenlebens etablieren können" (BiB, 21).

Der Begriff der Emanzipation stammt ursprünglich aus dem Lateinischen und bedeutet die Befreiung der Frau von der Hand ihres Vaters, wobei die Hand sowohl den Schutz als auch die Herrschaft impliziert. Der Begriff „Vater" ist hier ein Symbol für das Männliche, was Frauen anbetrifft. Bei der Heirat heißt es doch, dass Mann und Frau alles zu teilen haben. So könnte man sagen, dass zumindest die Schwangerschaft eine nicht zu teilende Angelegenheit ist und genau hier wäre eine gewisse finanzielle Freiheit für die Frau als Gegenleistung angebracht. An dieser Stelle muss erwähnt werden, dass meine Frau und ich Monat für Monat auf ein Lehrergehalt verzichten, das meine Frau als verbeamtete Lehrerin verdient hätte. Kurz nach der Geburt unserer ersten Tochter hat sich meine Frau 12 Jahre lang beurlauben lassen, bevor sie endgültig aus dem Schuldienst ging. Diese Entscheidung würden wir beide heute noch und in jeder Zeit wieder treffen. Dahinter steckt der Grundgedanke, dass die natürliche Vorherbestimmung von Mann und Frau die absolute Vorfahrt haben sollte, nur in äußersten Notsituationen dürfte eine Änderung stattfinden. Wieso wird die

Klassifizierung von Arbeitsaufgaben und die Arbeitnehmer, die das zu verrichten haben, exakt definiert und hört diese Ordnung bei der Familie auf? Kein Arbeitnehmer wird parallel mit mehreren Aufgaben beauftragt. Warum muss dann die Frau an zwei Fronten kämpfen, nämlich Geld verdienen und gleichzeitig Kinder erziehen? Dass diese Situation auf Kosten der Erziehungsqualität geht und sich negativ auf die häusliche Atmosphäre des Kind auswirkt, ist eine logische Folge dessen. Die Erziehungswissenschaft, so haben wir es gelernt, hat bewiesen, dass besonders wichtig für die spätere Fähigkeit, Kontakte zu knüpfen und Bindungen herzustellen, die Säuglings- und Kleinkindzeit ist. Vor allem im ersten Lebensjahr lernt ein Baby, Vertrauen zu seiner Umwelt aufzubauen. Dafür benötigt es aber stabile Bindungen zu mindestens einer Bezugsperson (meist der Mutter). Wenn diese Bezugsperson sich nicht ausreichend um das Kind kümmert, ihm nur wenig oder keine Liebe zukommen lässt, bekommt das Kind nicht vermittelt, dass es liebenswert ist, was zu Defiziten in der späteren Kontaktfähigkeit führen kann. Ein Kind hingegen, dem gezeigt wird, dass es geliebt wird und um das man sich intensiv kümmert, wird es mit großer Wahrscheinlichkeit später im Leben leichter haben, selbst intensive Bindungen einzugehen, denn es erhält ein stabiles seelisches Fundament vom zartesten Alter an mit auf den Lebensweg durch den intensiven Kontakt mit seiner Mutter.

Spielt zu Anfang besonders die Bindung zu einer Bezugsperson eine große Rolle, gewinnen mit zunehmendem Alter Bindungen zu anderen Personen der Familie (Vater, Geschwister, Großeltern) immer größere Bedeutung. So brauchen z. B. Jungen ab einem gewissen Alter eine ältere, männliche Bezugsperson (Vater, guter Freund der Familie), um ein Vorbild für „männliche" Verhaltensweisen zu haben. Diese Phase kann aber erst dann erfolgreich verlaufen, wenn die elementarere Vorstufe, die in Zusammenhang mit der Mutter steht, glücklich beendet ist. Da jedoch immer mehr

Familien aufgrund der Trennung der Eltern auseinander fallen und die Kontakte zu den Großeltern z. B. aufgrund zu großer räumlicher Entfernung auch nicht immer gegeben sind, wird es für Kinder und Jugendliche immer schwieriger, enge Bindungen zu anderen Menschen einzugehen.

Die eigentliche emanzipatorische Bewegung Anfang der sechziger Jahre wird heute leider von vielen Frauen mit der finanziellen Unabhängigkeit verwechselt. Ich persönlich als ägyptischer Mann würde angesichts mancher Männerqualitäten heutzutage genau dasselbe tun, wenn ich eine Frau in Europa wäre. Genau hier zeigt der oben erwähnte Entfremdungsproceß seine Nachteile. Dem Mann wird in der heutigen Zeit eingetrichtert, welche Ziele er zu realisieren hat. An erster Stelle kommt die Karriere, die die soziale Sicherheit garantieren sollte, wobei dieser Begriff der materiellen Sicherheit sehr dehnbar ist. Man braucht nicht nur irgendein Auto, sondern man möchte am liebsten das teuerste und das beste haben. Gerade hier wird das eigene Ich mit Materie verkleidet, damit der Nachbar die eigene Schönheit ja nicht übersieht. Die nächste Stufe wäre das soziale Ansehen möglichst auf allen Ebenen und vor allem die Anerkennung des eigenen Ichs ist das höchste Gut, was jeder Mann anstrebt. Selbstverständlich gibt es auch Frauen, die sich diese Ziele zu eigen machen möchten. Allerdings machen den meisten von ihnen ihre Weiblichkeit und das Bedürfnis nach dem Mutterdasein oft ein Strich durch die Rechnung, womit sie dadurch zu sich selbst ehrlicher sind und ihre von Gott gegebenen Natur eher realisieren als die künstlichen Ziele der Moderne.

Für die Männer bedeuten diese künstlichen von der Moderne gesetzten Zielvorgaben eine Vernebelung der Erkennung der eigentlichen natürlichen Ziele, die von Geburt an mitgebracht haben. Was ist schöner, eine Karriere, die den Mann völlig verschluckt oder verschmolzen zu sein mit einer Frau im Rahmen einer glücklichen Ehe? Ist ein dickes Auto, das auf Hochglanz poliert ist, besser als der glückliche Empfang durch ein unschuldiges Kind, das seinen Papa in den Arm nehmen will? Jeder Mann glaubt, dass er diese in ihm unbewusst tief verwurzelten Sehnsüchte erst dann realisieren kann, wenn er seine Karriere hinter sich hat, sein Ansehen aufpoliert hat usf. Mit anderen Worten die Triebkräfte, die den Mann antreiben, sind von ehrlicher, wahrer Natur, nur der ihm von der Moderne aufoktroyierte Zwang gepaart mit der eigenen Habgier sorgen dafür, dass der Weg, den er eingeschlagen hat, kein Ende kennt und die Folgen sind Alkoholabhängigkeit, die von Tag zu Tag steigt sowie Drogenabhängigkeit. Es ist bewiesen, dass die Selbstmordrate in den sehr modernen hochentwickelten Länden, in denen die Menschen im Grunde genommen alles besitzen, wesentlich höher ist als in Dritt- oder Viertländern. Laut Brockhaus vom Jahr 2003 in digitaler Ausgabe heißt es dazu: „In Deutschland sterben jährlich fast 14.000 Menschen durch Selbstmord (das heißt 20 Selbstmorde je 100.000 Einwohner); um das 10- bis 20fache höher liegt die Zahl der Selbstmordversuche. Ein gesteigertes Selbstmordrisiko besteht bei bestimmten psychischen Erkrankungen (z. B. Psychose, Depression), unheilbar kranken und sozial isolierten Menschen, Suchtmittelabhängigen, Geschiedenen, Arbeitslosen, aber auch Jugendlichen (in den Altersgruppen zwischen 10 und 25 Jahren ist der Selbstmord die zweithäufigste Todesursache). Die beste Suizidprävention (Selbstmordvorbeugung) von Anfang an sowie nach erfolgtem Versuch ist die Herstellung tragfähiger sozialer Beziehungen."

Die oben erwähnten Psychosen und Depressionen sind logische Folgen des vorhin gemeinten Entfremdungsprozesses, d.h. der Mensch lebt in der Zeit der Moderne immer weniger artgerecht. Eine weitere Erscheinung dieser negativen Beeinflussung des Individuums sind die Drogenabhängigkeit sowie weitere Abhängigkeiten. Darüber berichtet Brockhaus folgendes:

„In Deutschland hat sich das Drogenproblem, wie in nahezu allen westlichen Ländern, seit den Achtzigerjahren zunehmend verschärft. Die Drogenszene wird in wachsendem Maße durch organisierten Vertrieb und Beschaffungskriminalität bestimmt. Berichten der Bundesregierung zufolge ist eine Verlagerung vom Heroinkonsum auf synthetische Drogen zu verzeichnen, deren Konsumenten eher sozial unauffällig und angepasst seien, was gerade hier eine hohe Dunkelziffer vermuten lasse... Dabei wird die Zahl der Medikamentenabhängigen in Deutschland nach Angaben der Deutschen Hauptstelle gegen die Suchtgefahren (DHS) auf 1,4 Millionen geschätzt. Wesentliches Kriterium einer eng gefassten Drogenabhängigkeit scheint daher auch das Ausmaß der Selbstschädigung zu sein, das (allerdings nicht nur bei Drogenabhängigkeit, sondern z.B. auch bei exzessiven Formen der Video-Unterhaltung oder der »Spielautomatensucht«) in der Beschneidung eigener Entwicklungsmöglichkeiten zum Ausdruck kommt."

Geht man der Ursache nach, warum ein Mann in der heutigen Zeit eheunwillig ist, so ist das z.T. eine Folge der oben beschriebenen Problematik. Eine weitere Ursache für den Mann, der meint, körperlich und geistig gesund geblieben zu sein, liegt klar auf der Hand. Entweder hat er eine Karriere eingeschlagen, mit der er in Wahrheit verheiratet ist, und es existiert gar keine Zeit für eine eigene Ehefrau, oder man hat eine sonderbare Sichtweise für die eigenen Bedürfnisse. Man reduziert bewusst oder unbewusst das Bedürfnis nach dem anderen Partner nur noch auf das Tierische, nämlich Sex, was man sehr leicht in der Moderne befriedigen kann. Viele haben Angst vor ehelichen Komplikationen, die viel Geld kosten könnten. Diese Aussagen gelten sowohl für den Mann als auch für die Frau, die meint, emanzipiert zu sein. Andererseits sorgt der Individualismus dafür, dass die menschliche Eigenschaft als kommunikatives Wesen von Tag zu Tag schrumpft. Dahinter steckt leider die Motivation des einzelnen, dem anderen zu zeigen, dass er der Höherstehende ist und durch das miteinander Kommunizieren würde man auf die Ebene seines Gegenübers herabfallen, d.h. wer auf seinen Mitmenschen kommunikativ zugeht, hat verloren. Man braucht sich nicht darüber zu wundern, warum die Psychotherapeuten in der westliche Hemisphäre immer reicher werden. Einer unserer Freunde ist ein Psychotherapeut und er bestätigt folgende Struktur: Ca. 10% seiner Patienten sind Männer, wobei sie fast alle mit dem Alkohol Probleme haben. Die anderen 90% sind Frauen, die die verschiedensten Probleme innerhalb der Ehe sowohl durch Überbelastung von Beruf und Haushalt als auch in der Interaktion mit dem Ehemann haben. In diesem Zusammenhang heißt es in einem Hadith, eine Aussage des Propheten, und das gerade an die Männer gerichtet: „Hazrat Jabir (ra) erzählt: »Es sagte der Prophet Allahs (saw), >Der Beste unter Euch ist derjenige, der seine Frau am Besten behandelt, und ich bin ein Vorbild in der Behandlung meiner Familie<«."

Die Tatsache, dass das Neunfache der psychisch Kranken Frauen sind, leuchtet meiner Frau und mir vollkommen ein. Das natürliche Korrektiv ist beim weiblichen Geschlecht viel stärker vertreten als beim Mann. Dies hängt damit zusammen, dass die Frau die Trägerin des menschlichen Geschlechts ist und jede Abweichung von ihrer elementaren Natur eine Gefahr für die Art darstellt. Die weibliche Natur lässt also die Frau weniger von ihren natürlichen Zielen abweichen. Nur der Mann, die Gesellschaft und die soziale Struktur machen dem Weib die meisten Probleme in der Realisierung seiner weiblichen Ziele, nämlich Mutter zu sein, glückliche Kinder zu haben, vor allem einen guten Ehemann, der das soziale Sicherheitsgefühl vermittelt, und einen Vater für die Kinder zu haben, d.h. artkonform zu leben.

Eine Bestätigung für diese Aussagen findet man in der Zeitschrift „Focus" vom 24.5.2004, in der die folgenden Angaben vom Statistischen Bundesamt veröffentlicht sind. Die Scheidungsrate betrug 1960 10,66%, im Jahr 1990 29,97% und im Jahr 2002 hat sie mit 52,1% zum ersten Mal die 50%-Hürde überschritten. Betrachtet man die Anzahl der Eheschließungen in Deutschland, so waren sie 689 028 im Jahr 1960, 516 388 im Jahr 1990 und 391 963 im Jahr 2002.

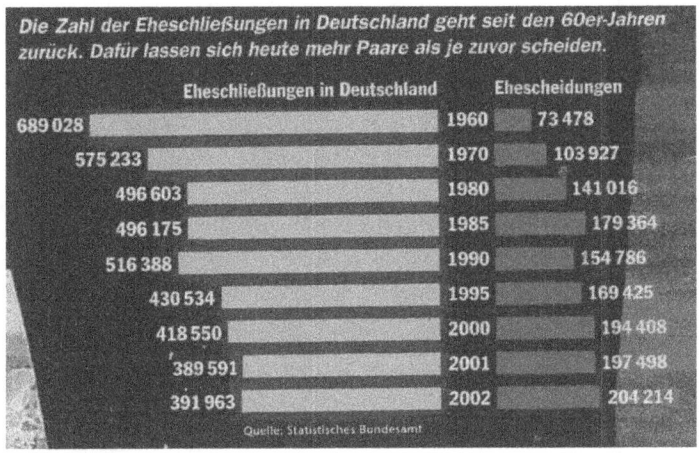

Focus vom 24.05.04, S. 184

Diese Grafik spricht leider eine eindeutige Sprache. Angenommen die Anzahl der geschlossenen Ehen im Jahr 1960 entspräche 100%, so reduziert sich diese Zahl beinahe auf die Hälfte im Jahr 2002, nämlich auf 56,9%. Mit anderen Worten die Neigung zur Eheschließung, was eigentlich ein natürliches Bedürfnis ist nicht nur beim Menschen, sondern auch bei vielen Tierarten, schwindet langsam, aber sicher in den sogenannten modernen Ländern.

Innerhalb von 42 Jahren heiratet nur noch jeder 2. Mann bzw. Frau. Wie sieht die Situation nach den nächsten 40 Jahren aus? An dieser Stelle möchten wir von einer der modernsten sozialen Krankheiten reden, nämlich vom falsch verstandenen Individualismus. Dass hier ein Zusammenhang zwischen der modernen Entwicklung und der Scheidungsrate besteht, zeigt folgender Text vom BiB. „Deutschland weist nicht das höchste Scheidungsniveau in Europa auf, gehört aber zu der Ländergruppe mit einem höheren Niveau. Gemeinsam mit vielen europäischen Ländern hat es eine steigende Scheidungshäufigkeit. Die höchste Scheidungsneigung ist seit vielen Jahren schon in Nordeuropa zu beobachten. Die zusammengefasste Scheidungsziffer im Jahr 2001 für Schweden beträgt 54 %, für Finnland wird ein Wert von 51 % ausgewiesen. Die Scheidungshäufigkeit dieser Länder erreichte bereits seit den 80er Jahren ein hohes Niveau, während dies in Deutschland erst in der zweiten Hälfte der 90er Jahre eintrat. In Nordeuropa hat sich die Scheidungshäufigkeit seit dem Beginn der 90er Jahre kaum noch verändert, während in Westeuropa nach wie vor Anstiege zu beobachten sind. Auch bei den Ehescheidungen zeigt sich eine außerordentlich große Differenzierung mit einem deutlichen Nord-Süd-Gefälle. Durch das schnellere Wachstum der Scheidungshäufigkeit in Südeuropa verringert sich das Gefälle jedoch, allerdings nicht in einem Tempo, das auf eine rasche Annäherung schließen lässt" (BiB, 34f.). Hier ist zu bemerken, dass die südeuropäischen Länder in ihrer Entwicklung nicht ganz so weit sind wie die nordeuropäischen Länder.

Was die Kinder anbetrifft, so zeigt folgende Grafik die allgemeine Entwicklung der Geburtenrate. Im Jahr 1960 betrug die Anzahl der ehelich geborenen Kinder knapp 1,2 Millionen. Diese Zahl schrumpfte im Jahr 2002 auf etwas mehr als eine halbe Million eheliche Kinder. Gleichzeitig wuchs die Zahl der unehelichen Kinder von ca. 100 000 im Jahr 1960 auf fast das Doppelte im Jahr 2002, was in der folgenden Grafik bestätigt wird.

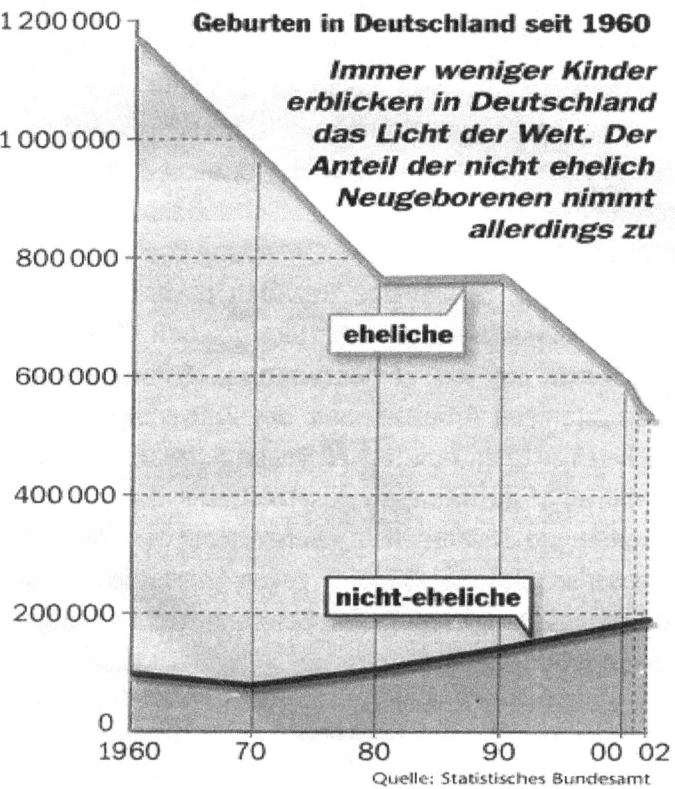

Focus vom 24.05.04, S. 192

Sogar die Angst vor einer Scheidung zwingt die Eheleute unbewusst und das gepaart mit den finanziellen Verhältnissen zu einer geringeren Kinderzahl. Folgende Tabelle zeigt die Entwicklung für Frauen der Geburtsjahrgänge 1935 – 1967.

Tab. 2: Frauen nach der Zahl der geborenen Kinder in Westdeutschland, Geburtsjahrgänge 1935 - 1967, in % (Anteile geschätzt)				
Geburtsjahre	Keine Kinder	Ein Kind	Zwei Kinder	Drei und mehr Kinder
1935	6,7	23,2	11,5	58,6
1940	10,5	23,7	24,4	41,5
1945	13,0	26,9	20,8	30,5
1950	14,8	27,4	31,6	26,3
1955	19,2	24,4	31,8	24,6
1960	21,3	22,1	32,5	24,1
1965	26,5	20,2	31,8	21,7
1966	27,6	19,9	31,4	21,1
1967	28,6	19,5	31,3	20,6

Datenquelle: Statistisches Bundesamt, Berechnung BiB

Sonderheft der Schriftenreihe des BiB (Bundesinstitut für Bevölkerungsforschung) 2004, S. 25

Wie man sieht, steigt die Anzahl der Kinderlosen ab den 1935 geborenen Frauen von 6,7% auf 28,6% der 67er Frauengeneration. Bei drei und mehr Kindern ist die Aussage noch eindeutiger, d.h. mehr als die Hälfte der älteren Frauen, fast 60%, haben drei und mehr Kinder, bei den Frauen Jahrgang 1967 sind das 1/5. Dank der Moderne mit deren Entwicklung, die an den elementaren Bedürfnissen von Mann und Frau vorbeigezogen ist, ist die Frau im Grunde genommen diejenige, die mehr auf ihr Recht verzichten muss. Hier sind ihr Mutterdasein und das Bedürfnis nach der schützenden Hand eines Mannes gemeint. Dieser Tatbestand führt dazu, dass die Anzahl der ehelosen Frauen immer mehr zunimmt, wie folgende Grafik aufweist.

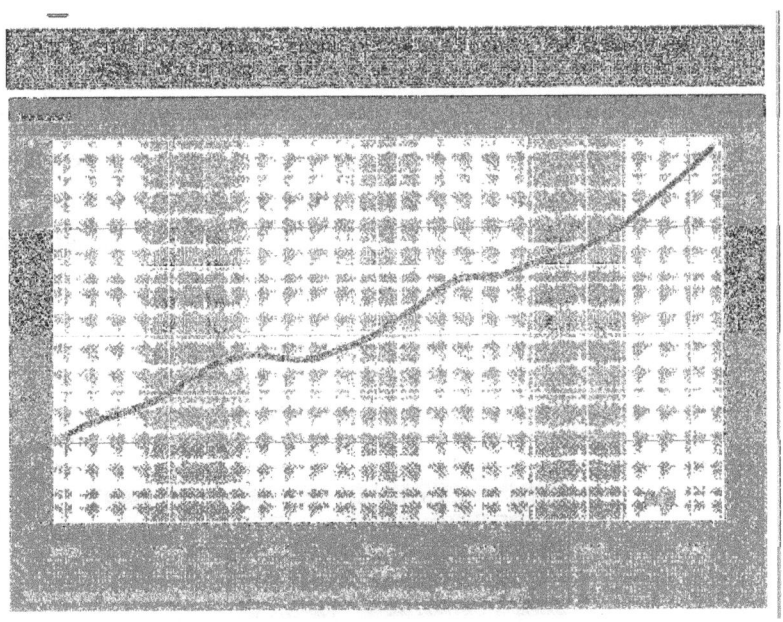

Sonderheft der Schriftenreihe des BiB 2004, S. 26

Als Begründung für diese Entwicklung wird im Sonderheft des BiB folgendes angeführt: „Die Forschungen zum Kinderwunsch bei jüngeren Frauen und Männern zeigen, dass nur wenige der etwa 20-Jährigen sagen, dass sie keine Kinder wollen und auch keinen Kinderwunsch haben, wobei es wohl einen größeren Teil gibt, der darüber noch keine festen Vorstellungen hat. Der Weg in die Kinderlosigkeit führt meist über ein wiederholtes Aufschieben der Geburt des ersten Kindes. Zunächst sind die Ausbildung, dann das Schaffen einer materiellen Basis für eine Familiengründung und der Berufseinstieg oder eine mögliche Karriere wichtiger. Die Familiengründung wird immer weiter aufgeschoben, bis sich ein Lebensstil etabliert hat, zu dem Kinder nicht mehr passen oder Kinder bekommen nicht mehr möglich ist" (BiB, 26).

Dieser Tatbestand ist ein Indikator für die Lage der Frau in der sogenannten Moderne und bezeugt, dass ihre Situation in Wahrheit immer schlimmer wird. Die Männer missbrauchen ihr Bedürfnis, Mutter zu sein, für eigene Genüsse. Nach einem One-Night-Stand und einer daraus resultierenden Schwangerschaft wird die Frau in eine brutale seelische Situation gebracht. Folgende Tabelle zeigt die Häufigkeit der Schwangerschaftsabbrüche in Deutschland.

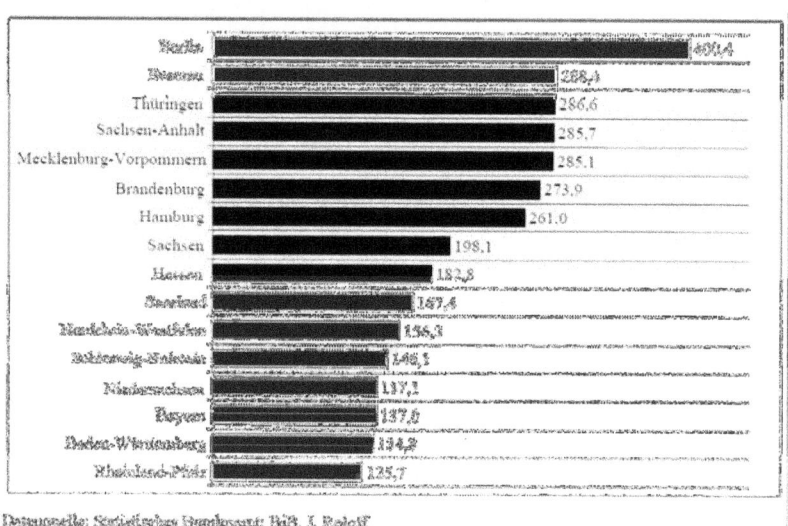

Schwangerschaftsabbrüche je 1 000 Schwangerschaften in den Bundesländern, 2000

BiB Heft 113 2004, S. 9

Treibt die Frau das Kind ab, so verzichtet sie unabhängig von der moralischen Situation auf ihre Rolle als Mutter. Sie rettet zwar ihr soziales Ansehen nach außen hin und erspart dem Kind eventuell ein Leben ohne Vater, wobei diese Aussagen einen sehr schwachen Trost darstellen gegenüber dem Bedürfnis, was ihr die Mutter Natur bzw. der Allmächtige mit auf den Lebensweg gegeben haben. Entscheidet sie sich jedoch für das Kind, so ist sie dazu verurteilt, an zwei Fronten zu kämpfen, bis das Kind oder die Kinder auf eigenen Beinen stehen und es ist objektiv gesehen unter der Würde einer jeden Frau, nur als Lustobjekt in der Moderne zu fungieren. Glücklicherweise ist wie das die jüngsten Forschungen in Amerika ergeben haben, die Frau von der seelischen Seite her stärker als der Mann. Die Natur wusste bereits, warum das so sein sollte, denn die Phase der Schwangerschaft und die Geburt an sich beweisen diesen Tatbestand.

2. *Einfluß der Muttersituation auf die Kinder im schulischen Alltag*

In der Zeit, in der ich als Realschullehrer aktiv war, musste ich feststellen, dass sich die Situation der Frau auf das Verhalten der Schüler projiziert. Bereits nach einer Unterrichtsstunde konnte ich die soziale Struktur im Hintergrund erkennen. Für die sogenannten Schlüsselkinder, d.h. für solche Schüler, deren Mütter berufstätig waren und niemand beim Nachhausekommen auf sie wartete, waren Computerspiele und Fernsehen meist die einzige Beschäftigung am Nachmittag. Das stundenlange Sitzen vor dem Bildschirm, gleichgültig ob vor dem Fernseher oder dem Monitor eines Computerspiels, sorgt beim Schüler dafür, dass das Kurzzeitgedächtnis die Oberhand gewinnt. Er muss nämlich bei dem schnellen Wechsel der Bilder sein Gedächtnis unbewusst schnell löschen, damit Platz für neue Informationen entsteht. Dieser Mechanismus herrscht im übrigen auch beim Autofahren. Der Autofahrer nimmt während der Fahrt vieles wahr, er erinnert sich aber kurz darauf nicht mehr an Einzelheiten. Der Schüler, der keine häusliche Betreuung hat außer dem Bildschirm, wird vom gleichen Mechanismus in seiner Wahrnehmung im Unterricht beherrscht. Er erwartet vielmehr einen Bildwechsel innerhalb des Klassenzimmers. Da das nicht geschieht, wird er von einer Unruhe ergriffen, die ihn meistens dazu bringt, sich mit anderen Gegenständen zu beschäftigen, so dass er vom Unterrichtsgeschehen kaum etwas mitbekommt. Seine Leistung ist natürlich entsprechend schlecht und bei Gesprächen mit den Müttern dieser Schüler mache ich sie auf dieses Phänomen aufmerksam. Dabei musste ich meistens feststellen, dass Playstation, Computerspiele oder das Fernsehen feste Bestandteile der Erziehung bzw. Elemente der Beruhigung der schuftenden Mutter bei der Arbeit sind. Die Mutter weiß, dass das Kinde zu Haus ist und sich eben mit diesen Dingen beschäftigt. Die Aufklärung durch den Lehrer über die pädagogische Bedeutung dieser Spiele führt meist zu einem bösen Erwachen. Manche Mütter versuchen aus Liebe zum Kinde zu ihren ehemaligen geschiedenen Männern zurückzukehren und sind bereit, die Nachteile, die zur Scheidung geführt haben, den Kindern zuliebe in Kauf zu nehmen. Oder aber, wie ich das selbst in der Praxis erlebt habe, nimmt man alle Nachteile innerhalb der Interaktion mit dem eigenen Ehemann auf sich und wartet mit der Scheidung, bis der Nachwuchs den Schulabschluß erreicht hat, ohne dass diese Intention dem Mann bekannt ist.

Ich als Muslim habe die islamische Grundeinstellung, dass die Mutter heilig ist. Von diesem Bewusstsein aus habe ich auch meine Arbeit in der Schule verrichtet. Der Kontakt mit solchen meist allein erziehenden Müttern hat mich sehr viel Zeit gekostet. Die Gespräche mit ihnen habe ich seltenst während meiner Sprechstunde in der Schule geführt. Ich sah hierin eine gewisse Unfairneß meinerseits, zum einen wollte ich nicht als Beamter mit dem Habitus meiner Stellung der Mutter gegenüber auftreten, zum anderen weil kaum jemand aufgrund der eigenen Arbeitszeit die schulische Sprechstunde aufsuchen konnte. Diesen Frauen kam ich meistens dadurch entgegen, indem meine Frau und ich sie über Wochenenden zu uns eingeladen und bei einer Tasse Kaffee bei uns daheim in einer entspannten Atmosphäre die Probleme besprochen haben. Ich wusste, dass die private Umgebung dringend notwendig war, damit diese tapfer kämpfenden Mütter wirklich alles, was sie auf dem Herzen hatten, ausschütten konnten. Beim Ausdrücken ihrer Probleme stellte sich meine Frau ihnen zur Seite, um ihre Gefühle, die sie spontan gespürt haben, zu artikulieren. In 99% aller Fälle gab es auch Probleme in der Beziehung zwischen Kind und Mutter. Bei den Buben hat fast immer die Vaterfigur gefehlt, bei den Mädchen nicht minder und die Mutter der Kinder ist meistens nicht ganz unschuldig an der Situation. Der Arbeitsprozeß mit der Hackordnung forderte seinen Tribut. Das Ansehen der Mutter, verglichen mit anderen Familien, bei denen der Vater noch anwesend ist, ist in irgendeiner Form unbewusst beschämend für die Frau. Manche von ihnen haben einen Freund, für den die Kinder oft eine überflüssige Belastung darstellen. Er erweckt bei den Kindern den Eindruck, er klaut ihnen die Mutter weg, die sie ihrer Meinung nach dringend benötigen.

Die oben geschilderten Fälle stellen die überwiegende Anzahl dar und sind am harmlosesten. Natürlich gab es auch die viel schwerwiegenderen, fast kriminellen Problemstellungen. Bei einem Fall standen Telefonrechnungen von fast 1000 € an, weil der Junge in Abwesenheit seiner schichtarbeitenden Mutter sich der Erotik anbietenden Telefonnummern bediente. Nach einem Gespräch mit ihm beklagte er sich darüber, er habe dies getan, weil es ihm zu langweilig war und in diesen nächtlichen Zeiten keine Freunde erreichbar waren. Andere Schüler waren bei der Polizei auffällig geworden, weil sie unter Kleptomanie gelitten haben und meinten, nicht genug Mutterliebe zu bekommen. In weiteren Fällen bestanden auf die Kinder nur auf Markenartikel und brachten ihre Mütter damit fast zum finanziellen Ruin. Gerade in unserer Konsumgesellschaft ist die Situation für die allein erziehende Mutter umso schwieriger. Bedenkt man folgende Eigenschaften einer Konsumgesellschaft und wie sie auf die Interaktion zwischen Mutter und Kind wirkt, so wollen wir diesen Aspekt der Phantasie des Lesers überlassen, denn die Wirkungsweise der wirtschaftlichen Struktur dieser Gesellschaft ist sehr schwer in allen ihren Facetten in Worte zu fassen.

Die Konsumgesellschaft ist eine moderne Industriegesellschaft, in der wesentliche soziale Beziehungen durch den Konsum bestimmt werden. Sie ist gekennzeichnet durch relativ hohe Massenkaufkraft und materiellen Wohlstand breiter Bevölkerungskreise (Wohlstandsgesellschaft), Massenproduktion relativ preisgünstiger und leicht beschaffbarer Verbrauchs- und Gebrauchsgüter, auf den Erwerb von Einkommen und damit auch Konsumchancen ausgerichtete ökonomische Orientierung der Bürger sowie zum Teil durch Prestigekonsum. Die absatzorientierten Bemühungen der Konsumgüterindustrie, kurzlebige Produkte anzubieten, eine Wegwerfmentalität zu propagieren sowie durch raschen Wechsel modischer Formen und technischer Ausstattung der Güter Sättigungstendenzen entgegenzuwirken und neue Bedürfnisse zu wecken, machten die Problematik eines vorwiegend auf Konsum orientierten Verhaltens deutlich.

Diese oben erwähnte Struktur der Gesellschaft, in der das Kind ohne Vater leben muss, erhöht natürlich das schlechte Gewissen jeder Mutter gegenüber ihrem Kind. So wird, wenn die Mutter finanziell dazu in der Lage ist, was selten der Fall ist, der Nachwuchs mit materiellen Gütern als Ersatz für elementare Bedürfnisse überhäuft. Exakt hier setzt ein sehr gefährlicher psychologischer Prozeß beim Kind ein, denn sein Blick für die ureigenen natürliche Bedürfnisse wird für das ganze Leben getrübt. Von da an muss alles Ethische oder Gefühlsmäßige in einer Währung zum Ausdruck gebracht werden, sonst ist das für das Kind wertlos. Gerade hier wird die negative Wirkung der sogenannten modernen Gesellschaft für die nächste Generation verstärkt. Ein Nebeneffekt liegt darin, dass die sozial gesunden Kinder diesen Prozeß kaum bewusst wahrnehmen, das bedeutet, dass sie kein Korrektiv für diese negative Entwicklung darstellen, im Gegenteil, sie übernehmen zum größten Teil leider diese Verhaltensmuster. Genau hier spielt die Frau als Mutter und Erzieherin eine ungeheuer wichtige Rolle als Korrektiv für die zukünftige gesellschaftliche Struktur.

Allerdings war dieses Problem für uns beide als ehemalige Lehrer nicht neu. Meine letzte Klasse als Realschullehrer bestand aus 31 Schülern, von denen ca. 7 mit steigender Tendenz von allein erziehenden Müttern erzogen wurden. Als Lehrbeauftragter an der Pädagogischen Hochschule für Islamische Theologie musste ich z.T. die vorhin erwähnte Struktur der allein erzogenen Kinder an vielen Studierenden wieder erkennen. Wir, meine Frau und ich, mussten feststellen, dass es in der Moderne leider Gottes sehr viel Unrecht gibt, welches man nicht so auf Anhieb erkennt. Die Folgen sind aber verheerend. Jedes Kind, nicht nur in Dritt- und Viertländern, sondern auch im Tierreich, hat ein göttliches Recht auf eine Mutter, die für es zumindest in den ersten Lebensjahren zur Verfügung steht. Genau hier wird das Fundament einer gesunden psychologischen Struktur angelegt, die die Basis für eine seelische Stabilität für das spätere Leben bildet. Wenn dieses Grundrecht für Mutter und Kind nicht einmal in den sogenannten reichen entwickelten Staaten garantiert wird, so hat man es hier in Wahrheit mit einer Armut in schlimmster Form zu tun. Für die meisten Mütter in der heutigen Zeit ist dank des Akklimatisierungsprozesses, der in jedem Lebewesen zwecks Überleben steckt, dieser Tatbestand nicht wahrnehmbar. Folgende Statistik zeigt die Haushaltstypen vom Jahr 2000 in Deutschland.

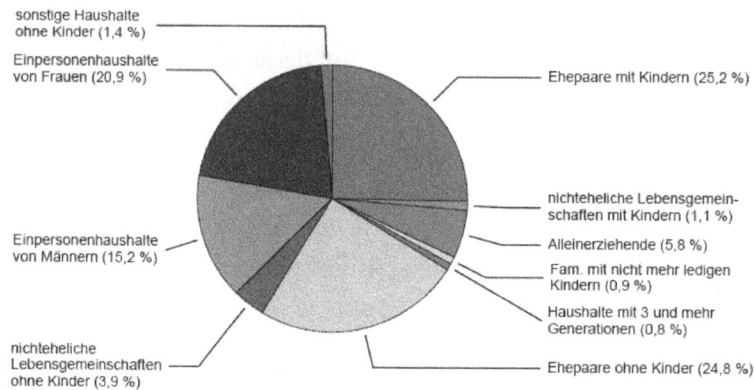

Quelle: Engstler, Heribert, Menning, Sonja (2003): Die Familie im Spiegel der amtlichen Statistik. Erstellt im Auftrag des Bundesministeriums für Familie, Senioren, Frauen und Jugend in Zusammenarbeit mit dem Statistischen Bundesamt, 2003

Sonderheft der Schriftenreihe des BiB 2004, S. 69

Wie man sieht, beträgt der Anteil der Alleinerziehenden 5,8%. Vergleicht man diese Angabe mit den 25,2 % der Verheirateten mit Kindern, so ist dieser Anteil ca. 1/5. Würden wir diesen Tatbestand in meinem Heimatland erzählen, so würde man ein tiefes Gefühl des Mitleids mit der deutschen Frau bekommen. Es handelt sich hier in Wahrheit um ein Armutszeugnis für die Situation der Frau in der Moderne.

Ich selbst muss feststellen, dass in jedem Betrieb klar definiert wird, wer welche Aufgaben zu erfüllen hat. Bei der Familie hört diese Ordnung auf. Viele Freundinnen meiner Frau aus der Studienzeit sind jetzt geschiedene Frauen. Meine Frau war selbst Lehrerin und Beamtin auf Lebenszeit. Kurz nach der Geburt unseres ersten Kindes konnte ich es mir leisten, sie mit ihrem Einverständnis „zur Mutter und Hausfrau zu befördern", worüber ich sehr glücklich bin. In Diskussionen in meinem Kollegium in der Schule hörte ich den folgenden Satz: „Du bist ein Macho, der seine Frau für sich allein haben will." Meine Antwort war klar und eindeutig: „Dafür habe ich sie geheiratet." Oder aber man versuchte mir klarzumachen, dass das Arbeiten für die Frau eine ungeheure Errungenschaft ist, auf die keine Frau verzichten kann. Meine Antwort auf diese Behauptung war: „Wenn ich einer Frau eine Million oder mehr schenke, dann macht sie alles, nur nicht arbeiten gehen, zumindest nicht, um Geld zu verdienen." Diese Sichtweise bewies mir, dass man Emanzipation mit finanzieller Unabhängigkeit verwechselt. Eine andere Antwort war: „Wieso war früher das Arbeiten eine Angelegenheit der Sklaven, ganz unabhängig vom Geschlecht?"

Warum konnte sich ein Facharbeiter mit Hauptschulabschluß bis in die achtziger Jahre hinein eine Frau mit zwei Kindern, eine Wohnung und ein Auto leisten ohne dass die Frau ebenfalls Geld verdienen musste? Manchmal habe ich den dumpfen Verdacht, als ob man in der letzten Zeit Emanzipation mit finanzieller Unabhängigkeit gleichsetzt. Lieber Leser, wenn ich heute als in Deutschland lebender Ägypter den Urbewohnern Australiens erzählen würde, meine deutsche Frau hat drei Kinder und muss noch arbeiten, um Geld zu verdienen, so nehmen diese mit Sicherheit an, dass diese deutsche Frau ungeheuer hässlich ist, sonst hätte sie einen Anspruch auf einen Mann, der sie mit den gemeinsamen Kindern finanziell durchs Leben trägt. Wenn ich an dieser Stelle den Leistungsmaßstab anlege, so liefert mir meine Frau die Liebe, die ich als Mann dringend brauche, unseren Kindern die Mutterliebe und sie stellt gleichzeitig „die Müllhalde" für den Seelenmüll, was wir, sowohl die Kinder als auch ich, an schlechten Tagen mit nach Hause bringen. So gesehen leistet sie im Grunde genommen so viel, was marktwirtschaftlich unerfassbar bleibt. Aus diesem Grunde ist das „Haushaltsgeld", das durch mich verdient wird, unter ihrer

Würde. Ich nehme lieber mein Taschengeld von ihr. Diese Vorgehensweise soll eine Symbolik darstellen für die Anerkennung ihrer Leistung. Mit anderen Worten ergänzen wir uns gegenseitig.

Zum Schluß dieser Betrachtung möchte ich sagen, dass ich niemals mit meiner Frau die Arbeit tauschen möchte, ich meine hier nicht ihre Arbeit, um Geld zu verdienen, sondern ihre Aufgaben als Mutter, wie sie den Haushalt erledigt und durch Liebesworte oder gutes Essen und vor allem durch ein gutes Gehör für das, was wir, die Kinder und ich, im Laufe des Arbeitstages erlebt haben, für gute Laune sorgt. Nur so konnte unsere Ehe, bitte bedenken sie, dass es eine binationale Ehe ist, schon mehr als 34 Jahre dauern. Islamisch zum Ausdruck gebracht heißt es: Nicht einmal Gott beauftragt eine Seele mit mehr als sie kann.

IV Wie sollte eine menschenkonforme Entwicklung aussehen?

Der Mensch muss bei der gesellschaftlichen, technischen, wirtschaftlichen... Entwicklung der eigentliche Maßstab sein, wobei hier der Begriff „Mensch" an sich zu undifferenziert ist. Analog zu den Produkten, bei denen die Industrie die drei Kategorien Mann, Frau und Kind unterscheidet um die Ware besser an den Konsumenten zu bringen, muss zunächst nachgedacht werden, ob diese Produkte einen Pseudoersatz für etwas Elementares darstellen oder nicht. Hier muss genauestens erkannt werden, welche Feinstruktur der Bedürfnisse eines jeden von ihnen in der Tat vorliegt. Nicht der Umsatz sollte der Kern der Verkaufsstrategie sein, sondern das, was der Mensch wirklich braucht. Beispiel: Der Begriff des „Glücklickseins" sollte nicht durch materielle Produkte herbeigeführt, sondern sollte bei der Werbung möglichst vermieden werden und an seiner Stelle sollte man andere Begriffe einbeziehen wie Freude usw. Anders ausgedrückt man darf nicht das Glück durch Anschaffung eines neuen Autos mit dem Glück durch Heirat oder durch die Geburt eines Kindes verwechseln. Die materiellen Produkte, die man verkauft, sollten das bereits vorhandene Glück unterstreichen bzw. eventuell dorthin führen. Auf keinen Fall sollten sie einen Ersatz darstellen. Genau hier spielt die Sprache eine sehr große Rolle und gerade die Medien sollen genau darauf achten. Das Gekaufte sollte kein Glück machendes Produkt sein, sondern vielmehr die Interaktion mit den Mitmenschen bereichern oder das bereits vorhandene Glück, wie oben erwähnt stärken.

Eine neue Mode macht an sich nicht glücklich, aber sie macht das Leben farbiger und vor allem erhöht sie eventuell die Chance des persönlichen Glücks, d.h. die Wirkungsweise des Weibes durch diese neue Erscheinung mit Hilfe der Mode könnte in der Tat zu einer ehelichen Bindung führen und damit wäre die Chance für eine elementares Glück gegeben. Die Mode sollte ein Mittel zu einem höher gestellten Zweck sein und nicht selbst das Endziel bedeuten.

Ein Widerspruch ergibt sich aus Mode und Individualismus. Die eigentliche Motivation des einzelnen beim Einkaufen ist die Stärkung der eigenen Individualität. Man tut dies im Bewusstsein, sich von den anderen abzuheben. Wir denken an die Zeit der Mode, wo es galt, von Kopf bis Fuß sich schwarz zu kleiden und Schuhe mit extrem dicken Sohlen, „Buffalos", zu tragen, so dass alle so gekleideten Damen von hinten beinahe gleich aussahen, d.h. der Individualismus hat sich auf Null reduziert.

Ein typisches Beispiel für den Fortschritt des weiblichen Wesens sollte im Abendland die sexuelle Freiheit darstellen. In Wahrheit aber erleichtert diese den Weg des Mannes zum Missbrauch der Frau. Eine genaue Analyse darüber wird im folgenden Kapitel aufgezeigt.

1. Die Rolle der Sexualität in der Interaktion zwischen Mann und Frau

Aus dem Wissensstand der Biologie weiß jeder, dass bei der biologischen Entwicklung des Menschen das Stammhirn zuerst vorhanden war. Die Hirnrinde mit ihren Windungen kam wesentlich später und bildet den letzten Entwicklungsschritt. Biologisch gesehen befindet sich das Ursprüngliche und damit meinen meine Frau und ich die Ureigenschaften des Homo sapiens bereits im Stammhirn. Für die Realisierung dieser Eigenschaften ist die Hirnrinde zuständig und damit ist die menschliche Vernunft gemeint. Jede Entwicklung, die ursprüngliche elementare Bedürfnisse des Menschen vernachlässigt oder unterdrückt, erzeugt Schizophrenität und damit beginnt der Proßeß des Unglücks für jedes Individuum. Meine Frau und ich, wir müssen beide „das Kind beim Namen nennen" um diesen Sachverhalt deutlicher zu machen.

Beim Betrachten der oben abgebildete Grafik der Scheidungsrate fielen uns folgende Fragestellungen ein: Wirft man im allgemeinen etwas Wertvolles, das man hat, leichtfertig weg? Wieso macht man das mehr und mehr mit dem eigenen Lebenspartner? Was bestimmt den Wert des Mannes für die Frau und umgekehrt den Wert der Frau für den Mann? Greift man zum eigentlichen natürlichen Inhalt des Stammhirns beider, so stellt man fest, dass beide sich gegenseitig ergänzen. Das Elementarste hierfür ist die von Gott angelegte Natur von Mann und Frau, mit anderen Worten das Tierische in der Natur beider. Kein besseres Feld zeigt dies an als das, was für die Arterhaltung sorgt, nämlich die Sexualität.

Wir stellen folgende Behauptung auf: Der Mann, der die sexuellen Wünsche der Frau bestens erfüllt, ist für die Frau, ob sie will oder nicht, unbewusst wertvoll. Für den ist die Frau eher bereit, den einen oder anderen unbeabsichtigten Fehler zu verzeihen. Sie versucht, ihre eheliche Bindung mit ihm auf ewig zu erhalten. Bei den Frauen, bei denen das nicht der Fall ist, kommt eher der Wunsch zum ehelichen Bruch, da sie in der oft unbewussten Hoffnung leben, einen anderen Mann zu bekommen, der ihnen ihr sexuelles Recht garantiert. In diesem Zusammenhang fungiert das elementare Bedürfnis, das von der Natur auferlegt worden ist, wie eine tikkende Zeitbombe, die nur durch die Erfüllung dieses Bedürfnisses entschärft werden kann. Damit beide erkennen können, ob der andere in der Lage ist, dem Partner sein Recht zu geben, benötigen sie eine viel längere Zeit als die Phase des sich Kennenlernens. Zu Beginn dieser Zeit ist jeder für den anderen neu und es entstehen gerade hier Missverständnisse durch die Tatsache, dass das Neue eine besondere Wirkung hat. Die bittere Realität kommt erst dann viel später, nachdem jeder für den anderen das Alltägliche darstellt. Erst hier kommt die Wahrheit an den Tag. Oder aber je nach der Qualität des Menschen und je nach seiner ethischen Grundhaltung und Selbstbeherrschung kann der Partner zur alltäglichen Notwendigkeit umdeklariert werden.

Betrachtet man die sexuelle Natur beider Geschlechter etwas genauer, so stellt man fest, dass der Mann relativ bald nach der Ejakulation seiner Samen seine biologischen emotionalen Grenzen erreicht hat. Ab diesem Punkt beginnt die Partnerin eine Belastung für ihn zu werden. Er denkt an alles andere, aber nicht mehr an Sex, da er danach seinen Mann nicht mehr auf allen Ebenen stehen kann. Er spürt ausgerechnet hier die Kluft in seiner psychologischen Position zwischen vorher und nachher. Vorher meinte er sich selbst gegenüber, er könnte jede Frau zum Stöhnen bringen, nachher ist seine männliche Fähigkeit nach dem Samenerguß auf Null herabgesetzt worden.

Bei der Frau schaut dieser biologische Mechanismus völlig anders aus. Sie besitzt kein Glied, das sich aufrecht erhalten muss. Sie ist die Empfängerin der sexuellen Impulse des Mannes. Aus der Sicht eines Mannes kann sie leider sehr viele Höhepunkte haben. Ein Ehemann, der nicht nur an sein ureigenes Vergnügen denkt, sondern mehr an die Frau, versucht in diesem Akt der Sexualität aus Liebe zu seiner Partnerin ihr biologisches Recht zu garantieren, bevor er zu seinem eigenen, nämlich die Ejakulation, kommt.

In der Zeit der Moderne, in der der Mann von vielen anderen sozialen Faktoren verschluckt wurde, hier sind Karriere, Verantwortung seiner Arbeit gegenüber, Imagepflege usw. gemeint und das gepaart mit falsch verstandenem Individualismus, was meistens als Egoismus ausgelegt wird, meint man, je eher der Akt abgeschlossen wird, desto schneller ist das Ganze passiert und umso eher hat man Zeit für die nächsten Aufgaben. Die Folge dieser unbewussten Denkweise für den Mann aus Frauensicht ist ihre Suche nach einem Ersatzmann, der sie besser befriedigen kann. Der Mann, der eher an seine Frau denkt, gleichgültig aus welcher Motivation heraus, ob das Liebe oder Kenntnis über ihre biologische Veranlagung ist, ist eindeutig der bessere, der wertvollere Mann für die Frau, von dem sie sich, gleichgültig, was geschieht, nicht so schnell trennen möchte.

Nach einem befriedigenden Akt für beide darf sich der Mann von seiner Partnerin nicht so schnell abwenden, gleichgültig aus welchen Gründen, denn ihre Natur zwingt sie als der Pol für die Liebe und Zärtlichkeit, sich an ihren Beschützer und sicherheitsgebenden Partner symbolisch anzulehnen. Die Kenntnis über diesen Tatbestand ist extrem wichtig für jeden

Mann, der seine Lebensgefährtin für lange Zeit behalten will. Hierin liegt ein extrem wichtiger Lernprozeß weniger für die Frau, denn bei ihr ist dies von Natur aus angelegt, sondern vielmehr für den Mann, der in der Frau eine Lebenspartnerin erkennt und kein flüchtiges Abenteuer oder einen One-Night-Stand. Dieser Begriff, der unter den jungen Männern die Verkörperung des Angebens darstellt, reduziert für das Bewusstsein des Mannes das Mädchen auf ein Vergnügungsspielzeug. Gerade in der Zeit, wo beide Schüler bzw. nicht offiziell verbunden sind, und je nach Situation Angst davor haben, von Erwachsenen entdeckt zu werden, führt dieses Umfeld dazu, dass alles möglichst schnell erledigt werden muss. Beide nehmen diese Erfahrung aus der Jugendzeit mit in die Ehe und so hat das Vergnügen des Mannes die absolute Vorfahrt. Unser Sohn hat uns auf dieser Ebene aufgeklärt hat, indem meinte, es sei absolut normal, dass seine Freunde bereits ab 14 Jahren mit ihren Freundinnen im eigenen Zimmer die Wochenenden verbringen. Dass die Eltern in jeder Zeit nach den Kindern schauen könnten, liegt klar auf der Hand. Deshalb lautet die Devise, den sexuellen Akt möglichst schnell zu erledigen. Entsteht hierbei eine Schwangerschaft, gleichgültig, ob der junge Mann seiner Freundin zur Seite steht oder nicht, so ist das Mädchen seelisch gesehen allein die Leidtragende. Ob der Mann später bereit ist, sich aus Liebe zu seiner Frau zurückzunehmen, ist kaum bekannt, mit anderen Worten der Ehebruch ist bereits aus der Jugendzeit vorprogrammiert.

Diese elementaren Kenntnisse werden heutzutage kaum gelehrt und haben erst recht keine eigene Lobby. Mit anderen Worten kann man sagen, dass das eheliche Glück für Mutter, Vater und Kinder bei der Koordination des Tierischen im Ehebett beginnt. Verstehen sich beide Ehepartner auf dieser Ebene, so ist das Ergebnis eine nach außen hin spürbare Harmonie, die sich nicht nur auf die eigenen Kinder, sondern auch auf das gesamte soziale Umfeld projiziert.

Wie kann die gesellschaftliche Situation des Mannes ihm zur Seite stehen? Die aktuelle Hackordnung im Arbeitsprozeß gepaart mit dem Karrieredenken und Polieren des eigenen Image... sind Gegner für einen vollkommenen Mann, der die biologischen Rechte seiner Ehefrau wahrhaben möchte. Auf der anderen Seite stellt ein befriedigter bzw. ein glücklicher Ehemann ein leistungsfähigerer Mitarbeiter dar, dessen Leistung höher ist als die eines unglücklichen. Es wäre also im Sinne der Wirtschaft und der gesamten Gesellschaft, wenn man gerade hier Fortbildungsveranstaltungen für die Mitarbeiter anbietet, bei denen Psychologen beteiligt sind, die diese Problematik im Hinterkopf haben. Das heißt, die Interaktion innerhalb des Betriebs der Menschen untereinander muss die Hackordnung reduzieren bzw. ganz abschaffen, weil ich persönlich in meiner Praktikumszeit am Anfang meines Aufenthalts in Deutschland feststellen musste, dass die Arbeit an sich sogar Spaß machen kann, wenn nur der schlechtgelaunte Obermeister nicht wäre. Die Sexualität, vor allem die moralisch Koordinierte, ist wie bereits erwähnt, die Garantie für die Arterhaltung und damit wird sie zu einem extrem wichtigen sozialen Faktor im Dasein des Menschen sowie für seine Interaktion mit sich selbst als auch mit den Mitmenschen. So hat die Sexualität in der abendländischen Hemisphäre leider nicht ihren richtigen Stellenwert. Sie dient hier meist nur der oberflächlichen Befriedigung und das auf Kosten des weiblichen Geschlechts.

Eine sehr wichtige Bedingung zur Erlangung einer in moralischer und damit sozialer Hinsicht gesunden Situation der Sexualität ist die Religion, die man hat, welche in ihr nichts Amoralisches erkennen lässt, sondern darin viel mehr eine göttliche Ordnung und Gottes Willen sieht.

In folgendem kritischen Bericht in der islamischen Frauenzeitschrift „Nuur" vom März 2004 schreibt die vom Christentum zum Islam konvertierte

Heike Lutzin de Obregon folgendes: „Tatsache ist, dass im christlichen Abendland die Emanzipation der Frau traditionsgemäß gleichgesetzt wird mit der Unterdrückung ihrer Weiblichkeit. Sicher gibt es, gerade in letzter Zeit, auch Gegenbewegungen, d.h. Strömungen innerhalb der Frauenbewegung, die gerade wieder Zugang zu ihrer Weiblichkeit suchen, die bewusst und gerne Mütter sind und sich auf das Wissen früherer weiser Frauen besinnen. Doch sind diese Art von „Feministinnen", wie ich meine, immer noch in der Minderzahl oder die Medien stellen die Realität nicht maßstabsgetreu dar. Wenn man sich jedenfalls an den Medien orientiert, so sieht es ganz so aus, als hieße Frauenemanzipation immer noch: Wie ein Mann sein dürfen. Und zwar - ich habe mich mit diesem Thema in meinem Buch intensiver auseinandergesetzt - hat diese Vorstellung eine jahrhundertealte Tradition und basiert auf dem Denken des von Paulus geprägten Christentums.

Schon im Mittelalter galten Jungfrauen, wie etwa Jeanne D´Arc, die Jungfrau von Orleans, die ihrer Weiblichkeit nicht „nachgaben", indem sie heirateten und Kinder bekamen, sondern kämpften, als „quasi männlich" und wurden besonders wertgeschätzt. Während der französischen Revolution begannen Frauen, für sich Rechte zu beanspruchen, und taten dies, indem sie - wie die Männer - Hosen anzogen und Zigarren pafften. Mitte des 19. Jahrhunderts entstand die erste Frauenbewegung, die - soweit ich weiß - zumindest teilweise nicht ganz diese Ansichten vertrat, sondern z.B., wie Helene Lange, durchaus glaubte, dass frauenspezifische Tätigkeiten wie Kindererziehen, sehr wertvoll seien und geachtet werden müssen. Zugleich kämpften die ersten Frauenrechtlerinnen aber für Frauenrechte, wie das Recht auf Bildung, Besitz, Scheidung etc. - Rechte, die der Islam samt und sonders bereits vor 1400 Jahren eingeführt hat, erkämpften sich Frauen im christlichen Abendland erst in den letzten hundert Jahren! Und zwar nicht mit Hilfe, sondern trotz der christlichen Religion:

Im frühen Judentum hatten die Frauen einige Rechte besessen, die jedoch im Laufe der Jahrhunderte in Vergessenheit gerieten. Jesus Christus war selbstverständlich auch in Bezug auf das Thema Frau revolutionär. Im frühen Christentum sollen unter den Konvertiten zahlreiche Frauen gewesen sein, die zum Teil auch führende Rollen innehatten. Doch durch den Einfluss von Paulus, der stark von der griechischen Philosophie beeinflusst war (in Rom und Griechenland hatte die Frau eine extrem untergeordnete Stellung), änderte sich dies schnell.

Paulus übernahm die dualistische Weltsicht, der zufolge es in der Schöpfung zwei Pole gibt - bis dahin also kein Widerspruch zum Islam. Der Unterschied zur islamischen Weltsicht besteht darin, dass gemäß dieser Philosophie Gott selbst einen dieser Pole repräsentiert, während Satan für den anderen Pol steht. Satan gilt also nicht als Geschöpf Gottes, wie im Islam, sondern als sein Gegenspieler. Das hat zur Folge, dass die beiden Pole, die sich auch in der Schöpfung überall wieder finden lassen, immer entweder Gott oder Satan repräsentieren, also entweder gut oder schlecht sind. Da Gott in der Vorstellung der Menschen immer „männlicher" wurde, war es logisch, dass der Mann die Verkörperung des Guten, die Frau aber - seit Eva der Inbegriff der Verführung und der Sünde - als das Böse. Dieses dualistische Denken hatte sich so sehr in den Köpfen verfestigt, dass man / frau sich davon kaum noch befreien konnte: Von zwei gegensätzlichen Dingen oder Positionen muss immer eine die richtige, gute, die andere dagegen die falsche, schlechte sein. Die Tatsache, dass in der Natur beide Pole, wie etwa Nord- und Südpol oder der Plus- bzw. Minuspol in der Elektrizität, überhaupt nicht als „gut" oder „schlecht" bezeichnet werden können, sondern vielmehr einander ergänzen, wurde außer acht gelassen.

Insofern hat mir der Islam geholfen: Er hat mir die Augen dafür geöffnet, wie sehr wir Europäer diesem dualistischen Denken verhaftet sind, und wie gefährlich dieses extremistische Denken ist. Natürlich ist dies vor allem relevant in Bezug auf das Selbstverständnis als Frau: Der weibliche Pol ist im Islam eben nicht der böse, sondern dem männlichen gleichwertig, und Eva ist im Koran auch nicht die Verführerin Adams! Aber auch in anderen Zusammenhängen wird mir deutlich, dass dieses Gut-Böse-Denkschema äußerst gefährlich ist und der islamischen Philosophie vollkommen zuwider läuft: Zwei der für mich absolut grundlegenden islamischen Prinzipien sind: 1) Es gilt, die Natur zu studieren und ihr zu folgen. Dieses Grundgebot für sich genommen würde dem unvoreingenommenen Menschen schon zu der Erkenntnis führen, dass dieses Gut-Böse-Denkschema falsch sein muss - siehe die bereits erwähnten Beispiele aus der Natur. 2) Extreme sind gefährlich und unislamisch. Aus diesem Grund kennt der Islam auch keine Sexualfeindlichkeit und extreme Askese, wie das Christentum. Auch im Islam gilt: „Alles hat seine Zeit und jedes Tun unter dem Himmel hat seine Stunde" (Altes Testament, Prediger, 3, 1-8). Das heißt, nichts ist an sich gut oder böse, richtig oder falsch. Dinge werden nur dadurch falsch, dass man sie zur falschen Zeit am falschen Ort auslebt, beispielsweise Sexualität außerhalb der Ehe. Demzufolge sind auch typisch weibliche Eigenschaften oder Tätigkeiten nicht an sich minderwertig, ebenso wenig wie typisch Männliches gut und wertvoll ist. Aggressivität kann in Willenskraft, Dominanz, Führungskraft umgewandelt werden und in bestimmten Situationen gut und wertvoll sein. In anderen Situationen, etwa wenn eine Mutter ein Neugeborenes versorgt, gibt es keine nutzlosere und (für das Kind) gefährlichere Eigenschaft. Das paulinische dualistische Denken, demzufolge von zwei Dingen immer eins das wahre, richtige, gute, das andere dagegen das schlechte sein muss, hat meiner Meinung nach die Menschen seelisch zerstört (weil es alles andere als naturgemäß und gesund ist) und ist für viele Missstände im heutigen christlichen Abendland verantwortlich.

Aber um zum Thema Frauenemanzipation zurückzukommen: Für mich war die islamische Lehre insofern eine Befreiung, als ich mich durch sie endlich von der Vorstellung lösen konnte, alles, was gemeinhin als männlich gilt, müsse wertvoll sein. Ich erkannte, dass wahre Emanzipation bedeutet, sich von jeder Form der Fremdbestimmung zu befreien - und in meinem Fall waren das mehr die Vorstellungen anderer vermeintlich emanzipierter Frauen als das böse Patriarchat, denn rechtlich sind Frauen den Männern ja inzwischen gleichgestellt. Allerdings fiel es doch schwer, diese neu gewonnene Erkenntnis auch selbstbewusst in die Tat umzusetzen: Das merkte ich z.B., als ich mit Anfang 20 feststellte, dass ich gerne eine Familie gegründet hätte. Mein Umfeld - Verwandte, Freunde, Bekannte und natürlich vor allem die Medien - vermittelten konstant, dass es nichts Schrecklicheres, Verachtenswerteres, Peinlicheres, für die eigene Entwicklung Gefährlicheres geben konnte als vor Beendigung der Ausbildung ein Kind in die Welt zu bekommen. Eigentlich sogar unabhängig von der Ausbildung: Frauen, die früh Kinder bekommen, gelten als intellektuell beschränkt, unemanzipiert, unreif, seelisch gestört, ungebildet, potentiell drogenabhängig und sexuell unstet - kurz, als gesellschaftliche Randexistenzen, die ihre Entscheidung bereits nach kurzer Zeit zu bereuen pflegen und das Kind dann abschieben. Nun gut - dieses Vorurteil ist nicht ganz unbegründet, allerdings gilt dies nur in unseren Breitengraden. In anderen Ländern treffen diese Vorurteile nicht zu. Hierzulande ist dagegen die frühe Gründung einer Familie derart verpönt, dass tatsächlich kaum eine klar denkende Frau sich selbst derartig zu stigmatisieren wagt, indem sie bewusst einfach Kinder bekommt, statt Karriere zu machen.

Fest steht, dass der Kinderwunsch vielfach trotzdem da ist - allerdings nur bei Frauen, die sich dann, wenn sie diesem Wunsch nachgeben, ohne (bzw. mit schlechter) Ausbildung und mit einem nichtexistenten Partner, tatsächlich oft als gesellschaftliche Randexistenz wiederfinden. Aus diesem Grunde wird er unterdrückt - oft so lange, bis es zu spät ist. Mehrere Freundinnen von mir haben mir hinter vorgehaltener Hand mit Anfang 20 erzählt, dass sie eigentlich gerne Kinder hätten.... In allen (mindestens) drei Fällen setzten sie diesen Wunsch aber nicht um, sondern beendeten brav ihre Ausbildung und etablierten sich gesellschaftlich (in einem der drei Fälle hat die Frau bis heute kein Kind, in einem anderen hatte sie, als sie mit Ende 20 schwanger werden wollte, erhebliche Probleme dabei). Mir hat meine Zugehörigkeit zum Islam insofern geholfen, als ich es tatsächlich wagte, mit 25 mein Referendariat in den Wind zu schießen und stattdessen zu heiraten und drei Kinder zu bekommen.

Die gesellschaftlich anerkannte Alternative wäre natürlich gewesen, trotz der Kinder brav meine Ausbildung zu beenden, ungeachtet der Tatsache, dass ich das nervlich kaum hätte durchstehen können und meine Kinder den Kürzeren gezogen hätten. In meinem Bekanntenkreis kenne ich zwei solcher Fälle, die mich darin bestätigen, richtig gehandelt zu haben. Kinderbekommen und -aufziehen wird in den Medien immer wieder als Idiotenarbeit dargestellt: Mütter stillen ihre Kinder früh ab, weil sie sich wie eine „Melkmaschine" fühlen und die Abhängigkeit von einem anderen Wesen unerträglich finden. Andere stillen brav weiter, weil die WHO inzwischen empfiehlt, Kinder mindestens 6 Monate lang voll zu stillen, wegen des Allergierisikos - aber sie tun es eher aus Pflichtgefühl. Ich glaube, dass viele Frauen sich auf alles, was mit ihrer Weiblichkeit zu tun hat, instinktiv nicht einlassen mögen, (weil das gesellschaftlich verpönt ist und nach meiner Erfahrung gewisse höchst unberechenbare Konsequenzen nach sich zieht) und habe das Gefühl, dass sie ein großes Potential verschenken. Ich selber kann sagen, dass die Geburten und die Symbiose mit den Kindern mich in spiritueller Hinsicht sehr weit gebracht haben - gesellschaftlich dagegen weit zurückgeworfen, was ich aber gerne in Kauf nehme. Ich glaube tatsächlich (jede Feministin würde mich für diese Behauptung vierteln wollen, insbesondere, wenn ich noch dazu dreist behaupte, mich auch selbst als Feministin zu betrachten), dass für die meisten Frauen das Kinderbekommen der Königsweg zu spiritueller Erkenntnis ist, denn erst dadurch wird die Weiblichkeit in einem geweckt. Jedenfalls galt das für mich, und ich denke, wohl für die meisten Frauen im christlichen Abendland, in dem alles, was weiblich ist, von klein auf unterdrückt wird: Mädchen werden zu „Selbstbewusstsein" ermuntert (auch, wenn sie sich gerade lieber hinter Mamas Rock verstecken möchten), in Karatekurse gesteckt, in der Schule werden Fußball- und Schach-AGs angeboten, aber niemals Kinderpflege- oder Pädagogik-AGs (wer würde sich wohl so erniedrigen, eine solche AG zu besuchen? Jungen natürlich nicht, und Mädchen auch nicht). Typisch weibliche Eigenschaften wie Empathie, Teamfähigkeit etc. sind zwar momentan wieder hoch im Kurs - aber: Bitte nicht auf Kosten von Durchsetzungsfähigkeit und Willensstärke. Letztere Eigenschaften ohne erstere zu besitzen ist zwar nicht perfekt, aber gesellschaftlich anerkannt. Erstere ohne letztere zu besitzen aber peinlich und schlichtweg indiskutabel.

Frauenrechtlerinnen rätseln, warum Frauen immer noch wenig prestigeträchtige, häufig soziale Berufe mit geringen Aufstiegschancen ergreifen. Die Antwort will ich ihnen gerne geben, wenngleich sie wohl keine „Emanze" gerne hören wird: Der Grund ist, dass Frauen tatsächlich anders sind als Männer. Sie sind sozialer und haben de facto früher und intensiver Kinderwünsche als Männer. Ja, es ist so, auch wenn das keine laut sagt: Diese Berufe werden deshalb gewählt, weil die Ausbildung kurz ist und einer Familiengründung nicht so sehr im Weg steht. Weil Frauen die „Karriereleiter" im Grunde doch piepegal ist und weil soziale Berufe einen Kompromiss darstellen, weil frau ihre sozialen Tendenzen zumindest in Form einer Familiengründung eben nicht so ausleben kann wie frau möchte (einer Umfrage zufolge ist die Diskrepanz zwischen gewünschter und tatsächlicher Kinderzahl unter Frauen nicht unerheblich!).

Ich bin immer noch eine „Emanze". Allerdings anderer Art als Alice Schwarzer. Ich bin der Ansicht, dass Frauen das Recht haben sollten, zu wählen, und zwar wirklich zu wählen. Selbstverständlich müssen Frauen Zugang zu allen Berufen haben. Sie sollten jedoch weder in die eine noch in die andere Richtung gedrängt werden: Die Gesellschaft drängt Frauen - ganz anders als noch vor 50 Jahren - in die Rolle der selbstbewussten Mitverdienerin. Aber auch in vielen muslimischen Familien werden Mädchen bedrängt: Entweder, eine kurze Ausbildung zu machen und früh zu heiraten oder - ganz fortschrittlich - umgekehrt dazu, lange und prestigeträchtige Ausbildungen oder Studiengänge zu absolvieren. Beides macht mich wütend. Je nach den Bedingungen würde ich mal die eine, mal die andere Position vertreten, wenngleich ich glaube, dass hier und heute der Druck eher in die Richtung „Karriere –machen- Familiengründung –verschieben" geht.

Ich werde immer dafür kämpfen, dass Frauen ihre gottgegebenen Rechte auch tatsächlich durchsetzen - denn leider, muss ich zugegeben, scheitert die Sache mit der Durchsetzung von Frauenrechten ja oft auch an der Feigheit, Bequemlichkeit und dem in manchen Kreisen als geradezu schick geltenden Masochismus der Frauen selber.

Zum Beispiel sollte es meiner Überzeugung nach in unserer Jamaat noch viel, viel mehr Frauen geben, die Reden halten und dabei auch mal Themen ansprechen, die Männer betreffen.

Wie wäre es z.B. mit dem Thema: „Pardah des Mannes"? (Kleiner Exkurs: Ich hätte dazu einiges zu sagen, z.B., dass es nicht nur um das Käppi auf dem Kopf geht, sondern vielmehr um die Entwicklung der Fähigkeit, Frauen als menschliche Wesen und nicht als potentielle Sexualobjekte zu sehen - und, um die unvermeidliche Frage gleich vorweg zu beantworten: „Ja, es

IST lernbar!". Und letzteres kann keineswegs nur durch abschätzende, penetrante Blicke geschehen, sondern für meinen Geschmack ganz genauso auch umgekehrt durch vollkommene Ignorierung, denn die Aussage ist dieselbe - bei den Berbern, habe ich gehört, habe das ungesprochene Wort eine genauso große Bedeutung wie das gesprochene.... Unter dem koranischen „Blicke-zu-Boden-schlagen" verstehe ich, getreu dem islamischen Grundgebot, in allem das Maß zu wahren, den goldenen Mittelweg zu suchen: Also weder gierig zu glotzen noch verbiestert zu Boden zu starren, bis man gegen den nächsten Pfahl läuft. Was sollte einen Mann denn daran hindern, seiner islamisch gekleideten Schwester im Glauben den Friedensgruß zu entbieten? - Ende des Exkurses: (Freundliche Grüße an den männlichen Teil der Leserschaft, auf die meine Kritik mit Sicherheit nicht zutrifft, die aber vielleicht in dieser Angelegenheit mal ein offenes Wörtchen mit ihren Geschlechtsgenossen reden sollten)."

Warum haben wir, meine Frau und ich, dieses lange Zitat aufgeführt? Erstens stellt die Verfasserin für uns eine Mitteleuropäerin, die einen großen Lebensabschnitt in Deutschland verbracht hat, dar. Zweitens war sie sensibel und mutig genug, um zunächst ihre wahre innere Stimme als Weib zu erkennen und dann als Folge dessen auf sie zu hören und darauf zu reagieren, indem sie einen sehr wichtigen Schritt tat, der eine große private moralische Hemmschwelle darstellt, nämlich die Religion wechselte, um sich selbst mit ihren von Gott gegebenen Eigenschaften als Frau treu zu sein.

In der Tat gingen die Religionsträger nur von ihrer männlichen Natur aus, indem sie sich als die Verkörperung des Guten betrachteten. Alle Frauen symbolisieren ihrer Meinung nach Eva, die dafür gesorgt hat, dass das „männliche Geschlecht", das durch Adam symbolisiert ist, aus dem Paradies vertrieben wurde. Dass in der Geschichte des Christentums Qualität und Güte einer Frau damit beginnen, ihre von Gott gegebenen weiblichen Eigenschaften abzulegen, um mann-ähnlich zu sein, siehe Jeanne D´Arc, existiert leider und manifestiert sich heute noch, zwar nicht in dem starken Maße, bei den Karrierefrauen. Der Abendländer hat in seinem Leben sehr viel erreicht, was allerdings historisch mit viel Blut bezahlt wurde. Die Erfolge auf materieller Ebene überwiegen. Klar auf der moralischen ethischen Ebene hat man auch eine ganze Menge erreicht, aber es gibt doch noch Bereiche, bei denen der Europäer in ihrer Entwicklung nicht sensibel genug war oder durch bewussten Missbrauch mancher Einrichtungen, die davon profitiert haben, den gewünschten Erfolg nicht erzielt hat.

2. Die Rolle des Glaubens in Bezug auf die Freiheit des Menschen und speziell auf die Emanzipation der Frau

Wie viel Freiheit gab uns Gott auf diesem Globus? Er hat sich uns über seine Gesandten Abraham, Moses, Jesus und den Propheten Mohammed in dieser historischen Reihenfolge geoffenbart. Er hat uns demzufolge nicht allein gelassen, er gab uns eine Menge Güter, mit denen wir leider Gottes sehr verschwenderisch umgehen. Jeder verständige Mensch weiß nach den neuesten Erkenntnissen der Astronomie, dass es so viele Zufälle auf einem Stäubchen im All namens Erde niemals geben kann. Die Wahrscheinlichkeit in der Mathematik spricht sogar vom Machbarkeitsfaktor. Folgendes Gedankenspiel soll uns dies verdeutlichen: Jeder weiß, dass wenn wir heute im Lotto 6 aus 49 alle Kombinationen mit mathematischer Sicherheit unbedingt treffen wollen, so müssten wir knapp 14 Millionen Kombinationen ankreuzen, um mit tödlicher Sicherheit 6 richtige von 49 Zahlen zu erhalten. Übertragen wir diesen Gedanken auf unsere Milchstraße, in der man ca. 150 Milliarden Sonnen schätzt und jede dieser Sonnen eigene Planeten hat, wobei unsere eigene Sonne eine von ihnen darstellt, so wird uns die unendliche Zahl an Planeten allein in unserer Galaxie bewusst. Nun müssen wir uns fragen, wie viele Bedingungen die Erde erfüllen muss, damit ein Leben in dieser Komplexität entsteht. Gemeint sind die Luftatmosphäre mit bestimmter Zusammensetzung, Wasser, Temperatur, ... Verteilen wir diese Bedingungen, die für das Leben in dieser Komplexität verantwortlich sind, auf die unendliche Anzahl an Planeten nur in unserer Milchstraße, so sagt uns die Wahrscheinlichkeitstheorie der Mathematik, dass ein Leben in dieser komplexem Form ein Ding der Unmöglichkeit ist. Es handelt sich also um einen Macher und das ist exakt der, den die abrahamischen Religionen mit „Gott" bezeichnen. Ein Zufall, wie das die meisten meinen, scheidet hier aus. Dieser allmächtige Schöpfer hat uns diesen Globus anvertraut. An unsere Verantwortung erinnert uns folgender koranischer Vers und das bereits am Anfang des 7. Jahrhunderts! „Und (damals) als dein Herr zu den Engeln sagte: ‚Ich werde auf der Erde einen Nachfolger einsetzen'! Sie sagten: ‚Willst du auf ihr jemand (vom Geschlecht der Menschen) einsetzen, der auf ihr Unheil anrichtet und Blut vergießt, wo wir (Engel) dir lobsingen und deine Heiligkeit preisen?' Er sagte: ‚Ich weiß (vieles), was ihr nicht wißt'" (2, 30).

Das höchste Geschenk, das jemals ein Lebewesen erhalten hat, ist die Vernunft, die wir Menschen bekommen haben und das ist exakt das, was uns gottähnlich macht. Er ist der Schöpfer aller Dinge, die wir zum Teil erfasst haben und nur der Mensch kann mit Hilfe dieses Geschenks auch etwas schöpfen. Darin liegt eigentlich die Gottähnlichkeit des Menschen, die die Theologien in Wahrheit meinen. Im Abendland herrscht leider auf dieser Ebene ein großes Missverständnis. Man meint, man ist ähnlich wie Jesus, der am Kreuz hängt und den inkarnierten, d.h. den fleischgewordenen Gott aus christlicher Sicht darstellt. So gesehen sind die Männer die wertvolleren Geschöpfe, meint man, denn er hat schließlich nicht das Ebenbild eines Weibes angenommen. Die Frau war in diesem Zusammenhang nur ein Werkzeug, das man eben benötigt hat, um ihn, bzw. seinen Sohn zu empfangen. Damit steht sie eindeutig eine Stufe unterhalb des Mannes.

Kein Muslim darf sich unter Gott weder etwas vorstellen noch ihm irgendwelche kreatürliche Eigenschaften zuschreiben. Bei uns wird das Bilderverbot sehr ernst genommen, deshalb hat man sich auf die Kalligraphie gestürzt. Jeder Versuch, Gott in irgendeiner Form zu konkretisieren, käme exakt gleich, als wenn ein Schuh bestimmte Eigenschaften auf seinen Schuhmacher projiziert. Wer Gott ist aus islamischer Sicht ist in Sure 112 manifestiert. „1 Sag: Er ist Gott, ein Einziger, 2 ein ewiger Gott. 3 Er hat weder gezeugt, noch ist er gezeugt worden. 4 Und keiner ist ihm ebenbürtig."

Jedem seiner Kreaturen gab Gott sinnvolle Eigenschaften auf seinen Lebensweg mit, dem Kamel, dem Pferd, dem Hund, der Katze ... auch Mann und Frau. Versuche ich heute, aus Liebe zu meinem Hund ihn wie ein menschliches Kind zu behandeln, so erhalte ich trotz bester Absicht alles andere als einen glücklichen Hund. Im Gegenteil, als verständiger Mensch, der einen Verstand hat, bin ich vor Gott verpflichtet, diesen einzusetzen, um die Eigenschaften des Hundes zu erkennen, damit ich ihn artgerecht behandeln kann und das wäre exakt die Aufgabe des sogenannten modernen Menschen innerhalb der Moderne, die Obliegenheit gegenüber der Gattung Frau.

Wenn wir heute als Muslime an das Zölibat der katholischen Kirche denken, das erst im 12. Jahrhundert ins Leben gerufen wurde, wird uns unbehaglich zumute. So bedeutet Zölibat im Grund genommen nur Ehelosigkeit. Im Brockhaus steht folgendes unter diesem Begriff: „der freiwillige und selbstbestimmte Verzicht auf eine Ehe, was aber nicht zugleich geschlechtliche Enthaltsamkeit heißen muss." Diese Ungeheuerlichkeit als Vorschrift, die von Menschen gemacht worden ist, führt unweigerlich zur Abweichung vom moralischen Weg, denn die Eigenschaft, die Gott den Männern mit auf den Lebensweg gegeben hat, ist nicht nur viel stärker als eine menschliche Vorschrift, sondern sie beinhaltet etwas ganz Elementares, nämlich die Arterhaltung. Mit anderen Worten der Priester, der innerhalb der Kirche Gott wirklich dienen will, gerät unweigerlich in eine schizophrene Situation. Seine vornehme Intention wird hier zwangsläufig zu einer Entartung, die seine gesamte Persönlichkeitsstruktur eventuell völlig zerstören kann. Er wird aufgrund seiner ursprünglichen Natur als Mann zum Lügen gezwungen, was eventuell dazu führt, seine edlen Motivationen in Vergessenheit geraten zu lassen, da er mit einer Sünde ewig leben muss. Unter unseren Freunden sind auch katholische Priester, die ohne Frau und ohne eigene Kinder zu leben haben, obwohl wir in ihnen hervorragende Ehemänner bzw. liebevolle Väter erkennen können.

Islam bedeutet „eine vom Menschen bewusste Unterordnung unter den Willen Gottes", d.h. wir sind verpflichtet, das zu tun, war Er uns mit auf den Lebensweg gegeben hat. Ich existiere als Mann, deshalb brauche ich mein Weib, nämlich meine Frau und für sie gilt dasselbe. Das höchste Gut, was wir haben, ist, dass wir freiwillig bewusst mit größter Freude durch unsere von ihm gegebene gegenseitige Ergänzung im ehelichen Bett im Bewusstsein, seine Ordnung zu realisieren und genießen zu dürfen, uns lieben. Die Erkenntnis, dass wir Seine Ordnung genießen, bedeutet für uns eine Verschmelzung mit der gesamten Schöpfung des Allmächtigen. Für mich als Mann muss ich mir vergegenwärtigen, dass der Schlüssel zu dieser Verschmelzung mit der Ganzheit des Daseins meine Frau darstellt und umgekehrt gilt für sie genau dasselbe. Hierin liegt eine der wichtigsten Erkenntnisaufgaben des menschliches Geistes, den sowohl Mann als auch Frau haben. Solche Erkenntnisse sind das Allerhöchste, was der Mensch im diesseitigen Leben erreichen kann und damit ist das höher als jede Erfindung im materiellen Bereich, die der Mensch je machen könnte. Ohne die gegenseitige Ergänzung, die Gott für Frau und Mann festgelegt hat, wäre eine solche Verschmelzung mit seiner Schöpfung kaum machbar. Für uns Männer wäre diese Stufe der Erkenntnisse niemals machbar ohne das Weib, deshalb ist es höchste Zeit, dass man diesem Geschenk Gottes, der Frau, ihren ihr gebührenden Stellenwert auf allen Ebenen gibt.

Früher gingen wir unseren ursprünglichen Bedürfnissen unabhängig von ihrer theologischen Bedeutung nach. Wir mussten aber, nachdem wir uns in die eigene Religion vertieft hatten, feststellen, dass die Qualität der ehelichen Beziehung sich vervielfacht hat und genau hier zeigt sich die Wahrheit einer Religion, nämlich in einer Harmonie bei der Realisierung dessen, was Verstand, Gefühle und Erkenntnisse uns aufweisen. Die Tatsache, dass hier kein Widerspruch vorhanden ist, ist ein Beweis dafür, dass man den wahren Weg zu Gott gefunden hat. Die Harmonie dieses Weges ist eine Hilfestellung für die Kreatur, zu erkennen, dass die Richtung die wahre ist. Ein zölibatäres Leben käme einer Ablehnung des göttlichen Willens gleich und damit wäre das blasphemisch. In Analogie dazu wäre gerade der Mann verpflichtet, den Biologen und den Psychologen zu konsultieren, um den göttlichen Willen, den Er dem Weib mit auf den Lebensweg gegeben hat, zu erkennen, damit er ihr in der Gesellschaft ihren korrekten „artgerechten" Platz garantiert. Alle naturwissenschaftlichen Erkenntnisse sind letztendlich nichts anderes als herauszufinden, was Gott für den Gegenstand, den man gerade erforscht, festgelegt hat. Nimmt man die Frau als ein Forschungsobjekt um zu erkennen, was Gott für sie festgelegt hat, und realisiert dies auch, so kann man dann erst von einer wahren Emanzipation reden. So gesehen wird die Frau erst glücklich. Nicht vergessen, dieser Weg gilt genauso ebenfalls für den Mann! Erst dann ist der Weg beider zum Glück frei.

Das wahre Glück einer Gesellschaft ist die Endsumme des individuellen Glücks. Die Fähigkeit dazu erhält das Individuum im Schoß einer harmonischen glücklichen Familie und das gilt sowohl für die Frau als auch für den Mann. Ist das gegeben, so ist ein glückliches Kind ein logisches Endprodukt. Die wahre Freude am Leben setzt in der Kindheit ein. Ein harmonisches Umfeld ist ein göttliches Recht für jedes Kind, in dem sowohl Gefühle als auch Gedanken gedeihen können. Die Konzentration beider ergibt die Intuition. Diese ist das einzige Korrektiv in einer gesunden Handlungsweise des Individuums und muss bereits in der Kindheit angelegt sein. Wie viele Menschen gibt es heutzutage im Abendland, die mehr als alles haben, aber das Lachen nie gelernt haben! Der Grund hierfür liegt klar auf der Hand. Der Boden, auf dem sie als Kinder gewachsen sind, hat nicht alles geboten, was sie gebraucht haben. Dieses Phänomen müsste eigentlich den Verantwortlichen auf allen sozialen, gesellschaftlichen und politischen Ebenen zu denken geben. Die Freiheit des Individuums ist ein wichtiger Teil in allen abendländischen Gesetzgebungen. Hat aber das Individuum wirklich gelernt, damit umzugehen? Die Statistiken sprechen leider eine völlig andere Sprache. Wir behaupten, dass die Mutter in der Familie den Schlüssel zum Glück für alle Mitglieder der Familie hat. Nicht umsonst heißt es islamisch: „Der Schlüssel zum Paradies liegt unter den Füßen der Mütter." So gesehen ist die Mutter von jedem männlichen Menschen wie eine Heilige zu behandeln. Interpolieren wir diese Weisheiten auf die gesamte Gesellschaft, so wären wir Männer viel glücklicher, wenn die Frauen mit ihrer natürlichen Intuition und ihrer weiblichen Intelligenz das Sagen auf vielen Ebenen hätten.

Aus christlich-theologischer Sicht wollen wir das, was die Männer im Namen Christi der Frau gegenüber gemacht haben, nicht noch einmal wiederholen. Jesus ist offiziell aus islamischer Sicht ein Ausdruck der Barmherzigkeit Gottes. Der Islam ist die einzige abrahamische Glaubenslehre, die Jesus bestätigt. Er ist 27mal als Jesus und 22mal als der Sohn Marias im Koran aufgeführt. Unser eigener Prophet ist ganze 6mal erwähnt. Nicht vergessen, das 19. Kapitel im Koran heißt „Maria".

Was die Männer im Namen Christi gegen die Frauen vom 14. – 18. Jahrhundert an Hexenverbrennungen und Inquisitionen gemacht haben ist eine Verunstaltung des Christentums und erst recht von Christus. Ich wollte niemals, dass meine Frau aus der katholischen Kirche mir zuliebe austritt, denn als Muslim bin ich vom Islam aus verpflichtet, dafür zu sorgen, dass sie ihre christliche Religion ausüben kann und ich dürfte ihr niemals deswegen Probleme machen.

So haben wir gemeinsam die Kirchengeschichte und die Dogmatik studiert. Die Folge war, dass sie nach ca. 10 Ehejahren gegen meinen Willen aus der Kirche ausgetreten ist. Abgesehen davon hat sie unsere drei Kinder unmittelbar nach der Geburt als Muslime registrieren lassen. Später haben wir dafür gesorgt, dass alle unsere Kinder den evangelischen Religionsunterricht besucht haben, denn der abrahamische Geist ist für uns extrem wichtig.

Als Frau Ginaidi möchte ich betonen, dass mein Mann Lehrbeauftragter bzw. Wissenschaftlicher Mitarbeiter für Islamische Theologie an der Pädagogischen Hochschule in Karlsruhe ist. Da wir vom ersten Tag an alles gemeinsam gemacht haben und das bis heute noch tun, habe ich mich intensiv an allen theologischen Studien, die wir vor allem für die zahlreiche

Symposien, Podiumsdiskussionen und Vorträge meines Mannes benötigen, beteiligt. Dadurch sowie durch das Erfahren der islamischen Grundhaltung meines Mannes, die sich von der der meisten Muslimen in der Diaspora sehr stark unterscheidet, bin ich zu der Überzeugung gelangt, dass der Islam eine sehr positive, den Menschen in seiner elementaren Natur wirklich sehr akzeptierende Religion ist. Durch unser gemeinsames Studium der Kirchengeschichte und vor allem durch die Erkenntnis der Differenzen zwischen dem, was Jesus uns vorgelebt hat und was im Lauf der Zeit von den verschiedenen Kirchen daraus entwickelt worden ist, bin ich zu der Überzeugung gekommen, dass im Islam der Glaube an den einen Gott besonders gelebt wird, was für mich persönlich einen sehr wichtigen Grundpfeiler des islamischen Glaubens darstellt.

An dieser Stelle möchte ich erwähnen, dass viele Frauen in Deutschland in der letzten Zeit zum Islam mit der Begründung konvertieren, dass ihr eigenes Frauen- und vor allem ihr Mutterdasein dort mehr zum Zuge kommt als in der sogenannten christlichen Gesellschaft.

Im folgenden Kapitel sind mehrere Beispiele von konvertierten deutschen Frauen erwähnt und was wir im Abendland daraus lernen können.

3. Was können die Frauen im Abendland von den Frauen im Morgenland lernen und umgekehrt?

Die islamische Glaubenslehre ist in ihrer Interaktion mit dem Individuum so stark verwurzelt, dass der Mensch im Alltag fast nichts machen kann, ohne Gott einzubeziehen. Hiermit soll nicht behauptet werden, dass die Muslime bessere Gläubige sind als Christen und Juden, diese Eigenschaft dient oft nur noch der religiösen Optik. Genau hier liegt der Missbrauch der islamischen Religion. Die überwiegende Mehrheit hat aus dieser Tradition einen unbewussten Mechanismus gemacht, bei dem die Wirkung auf die Handlungsweise des Individuums kaum spürbar ist. Viele religiöse Inhalte wären gerade in der heutigen Zeit von extremer Wichtigkeit, aber der Prozeß der Bewusstwerdung dessen hat leider noch nicht eingesetzt. Man hält sich mehr an Äußerlichkeiten fest, in denen viel mehr vorislamische ethnische Verhaltensweisen existieren als islamische.

Gerade was die Frau anbetrifft gibt es in jeder Religion phantastische Inhalte bezüglich der Frauenrechte, die z.T. in Vergessenheit geraten sind. Fühlt man sich mit der eigenen Situation unzufrieden, gleichgültig aus welchen Gründen, so hat man die Motivation, diesen Zustand zu ändern. Man denke an die vorhin erwähnte Harmonie des Weges zu Gott. Leider wurde hier für viele Frauen im Abendland diese Eigenschaft durch Männerwirkung im Namen Christi zerstört, als Jesus zu Petrus sagte: „Du bist mein Fels, auf den ich meine Kirche baue." So gab er uns, auch Muslime mit eingeschlossen, ein gehöriges Stück Freiheit, die leider von den Männern innerhalb der Kirche missbraucht worden ist. Wenn man nach anderen Fundamenten für die Herbeiführung einer Änderung sucht, so schaut man sich nach anderen Religionen und Kulturen um. Die Gründe können sowohl Unkenntnis über die eigene Religion sein oder man hätte gerne eine Portion Exotik im Rahmen des Neuen mit dem unbewussten Hintergrund gehabt, das eigene Ich im eigenen Land zu unterstreichen. Der Quell der Unzufriedenheit für die meisten Frauen in der Zeit der Moderne ist oft die soziale Struktur, die fast immer von Männern konzipiert worden ist, wobei in ihrem Grundkonzept kein Platz für die Urbedürfnisse der Frau ist. So konvertieren deutsche Frauen zum Islam, weil sie wichtige Inhalte, was die Frau anbetrifft, in der islamischen Glaubenslehre erkennen. Im folgenden sollen wenige exemplarische Beispiele aus dem Islam mit deren Bedeutung für eine wahre Emanzipation der Frau dargestellt werden.

Die Frau als Mutter wird im Islam mehr geehrt als der Mann. Als Zitat des Propheten ist überliefert: „Das Paradies liegt unter den Füßen der Mütter." Die Hauptverantwortung für die Erziehung der Kinder liegt bei der Mutter; allerdings geht das Sorgerecht sehr früh an den Vater über (bei Jungen ab dem 7., bei Mädchen ab dem 9. Lebensjahr). Die Familie ist in der islamischen Welt der Ort primärer religiöser Sozialisation, in der Vater und Mutter mit den gleichen religiösen Pflichten Vorbild geben sollen. Obwohl die Scheidung im Koran genau geregelt wird, gehen die Kommentatoren davon aus, dass sie erlaubt, aber nicht gewünscht ist. Sure 4, 130 besagt: „Und wenn die beiden (d.h. Mann und Frau) (falls keine Einigung mehr möglich ist) sich trennen, wird Gott jeden (von beiden) aus der Fülle seiner Macht (für den Verlust) entschädigen (w. jedem ... (darüber weg)helfen). Gott umfasst (alles) und ist weise"" Der Exeget S. Qutb interpretiert diese Koranstelle wie folgt: „Der Islam bindet die Eheleute nicht mit Ketten aneinander, sondern mit Liebe, Barmherzigkeit oder mit Höflichkeit und Pflicht. Wenn diese sich erschöpft haben, befiehlt er ihnen nicht, in einem Gefängnis des Hasses und der Abscheu zu bleiben oder ihre innerliche Trennung durch den äußeren Anschein zu überdecken."

Murad Hofmann spricht über elementare Unterschiede zwischen Christentum und Islam, wobei der Mensch innerhalb der Christologie zu vielen dieser Unterschiede beigetragen hat. In seinem Buch „Der Islam als Alternative" erwähnt er folgendes: „Dabei komme ich trotz aller Gemeinsamkeiten im grundsätzlichen moralischen Empfinden - von Tugenden wie Brüderlichkeit, Ehrlichkeit, Mitleid, Großzügigkeit, Diskretion etc. - doch auf sechs gewichtige Unterschiede:

1. Der Muslim lebt in einer Welt ohne Klerus und ohne religiöse Hierarchie; wenn er betet, wendet er sich nicht über Jesus, Maria oder andere vermittelnde Heilige, sondern unmittelbar an Gott - als emanzipierter Gläubiger - und dies in einer mysterienfreien Religion. Solch ein Klima entspricht dem mündigen Staatsbürger wohl besser als die wunderselige, auf »Interzession« abstellende, am Sakrament orientierte Atmosphäre in der byzantinischen und katholischen Kirche.

2. Mit seinem absoluten Verbot von Schweinefleisch, Alkohol und anderen Drogen dient der Islam der Volksgesundheit; er hält andererseits grundsätzlich an der Verantwortlichkeit derer fest, welche Suchtstoffe missbrauchen, statt sie prinzipiell als toxisch krank zu exkulpieren. Die streßmindernde Wirkung des regelmäßig den Alltag unterbrechenden, kontemplativen Gebets im Islam kommt ebenfalls der Gesundheit des einzelnen wie der Gesamtheit zugute, wie es der Sonntagsgottesdienst oder die Morgenandacht alleine nicht vermögen.

3. Im Gegensatz zur paulinischen Verteufelung des Geschlechtlichen, Diffamierung der Ehe und Propagierung des Mönchtums, die im katholischen Bereich so viel Leid, Verklemmung und Schuldgefühl hervorgerufen haben, bejaht der Islam das Geschlechtliche ohne Vorbehalt. Andererseits

macht er die Gegenreaktion auf die von Paulus angerichteten Verheerungen - die heutige »Sexwelle« völliger Enthemmung - nicht mit. Dieser Gelassenheit entspricht es, dass der Islam im Gegensatz zum Westen am naturorientierten Rollenverhältnis zwischen Mann und Frau festhält, in der Überzeugung, dass man ohne Katastrophe nicht ständig und überall naturwidrig leben kann.

4. Das Christentum stellt mit seinem Gebot, den Nächsten wie sich selbst zu lieben, eine vom Durchschnittsmenschen nicht erfüllbare, aber sein Gewissen belastende Forderung auf; dies, wie schon die Dämonisierung des Geschlechtlichen, verstärkt die negativen psychologischen Folgen der Lehre von der Erbsünde, möglicherweise bis zu einer manipulierbaren Kulpabilisierung der Massen" (Hofmann 1993, 35ff.)

In den beiden oben erwähnten Zitaten werden die elementaren Unterschiede aus theologischer Sicht zum Ausdruck gebracht.

Für die katholische Kirche ist das Heiraten ein heiliges Sakrament, wobei hier eine Ehe bis zum Tode eines der beiden Ehepartner erhalten bleiben muss. Dass genau dieser Faktor der Grund für die Begründung der anglikanischen Kirche ist, darauf wollen wir nicht eingehen. Dieser Tatbestand zeigt eine schwache Seite dieses Sakraments. Man hat dabei die von Gott im Menschen angelegte Struktur vergessen. Eine Frau ist eher in der Lage, mit ihrem Kind bis an ihr Lebensende zusammen leben zu können. Ob sie aber dasselbe mit ihrem Ehemann tun möchte, ist eine völlig andere Frage. Die Priorität innerhalb von Beziehungen ist von der Natur bzw. von Gott bereits in seiner Kreatur angelegt, d.h. ein Mannesersatz erfüllt exakt die gleiche Funktion für die Arterhaltung. Demzufolge muss er nicht der erste

Ehemann sein, die Mutter-Kind-Beziehung dagegen kennt keinen Ersatz weder für das Kind noch für die Mutter.

Der Islam hat zumindest mehr die menschliche Natur in seine Lehre mit einbezogen. So können sich sowohl die Frau als auch der Mann vom Partner scheiden lassen. Dieser Vorgang allerdings betrifft faktisch in der heutigen Zeit nicht nur die beiden Individuen, sondern auch ihre beiden Sippen. So gesehen hat automatisch die Frau ihre Angehörigen als würdige Vertreter für ihre Interessen dem Manne bzw. seiner Sippe gegenüber, falls sie aufgrund ihrer Weiblichkeit eventuell unter Hemmungen leidet, ihre Rechte durchzusetzen. In vielen Fällen verzichtet die Sippe der Frau auf die ihr materiell zustehenden Rechte, um dadurch der Umwelt und speziell dem Mann und seinen Angehörigen zu zeigen, wie wertvoll die Frau für die eigene Sippe ist. An dieser Stelle muss erwähnt werden, dass die Situation einer geschiedenen Frau in einem islamischen Land mit absolut nichts Negativem apostrophiert ist. Trotz der sehr niedrigen Scheidungsrate ist dieser Vorgang absolut natürlich.

Von der sozialen Struktur innerhalb der islamischen Länder her und der Art und Weise der Konvivenz miteinander ist der Bereich der intimsten Sphäre innerhalb einer Ehe einzig und allein das Private beider Eheleute. Alles andere, die Art und Weise, wie sie miteinander umgehen, wird sofort von den mit ihnen lebenden Angehörigen und Freunden wahrgenommen. Bei einer heftigen Reaktion des einen gegen den anderen Ehepartner erfolgt sofort eine Rückmeldung der Anwesenden. Ist diese Reaktion negativ, so bekommt derjenige, ob Mann oder Frau, von den Anwesenden ein entsprechendes Korrektiv, worauf er sich zu überlegen hat, ob er sich bei seinem Partner entschuldigt oder handfeste Gründe für diese Aktion vorlegen kann. Diese Automation, die fast unbewusst geschieht, trägt unweigerlich zur Stabilität der ehelichen Bindung bei und leitet die Kommunikation beider Eheleute in gesunde Kanäle. Die Reaktion des Ehepartners auf das, was ihm an den Kopf geworfen wird, hat im allgemeinen nicht die gleiche Wirkung wie die spontane Gegenwirkung eines Unbeteiligten. In diesem Zusammenhang können die eigenen leiblichen Kinder diese Funktion der anderen mitlebenden lebenserfahreneren Angehörigen psychisch gesehen nicht übernehmen. Bei diesem differenzierten Sachverhalt ganz unabhängig vom religiösen Umfeld spielt die ethnische Natur des Menschen die Hauptrolle. Mit anderen Worten wäre der Pluralismus unserer Gesellschaft im Abendland sozial gesehen viel besser und menschlicher und vor allem wäre er der beste Reichtum für die Gesellschaft, wenn er das Individuum in seiner feinsten Interaktion innerhalb seiner privaten Sphäre erreichen könnte. Hierin wäre zwangsläufig auch ein Rückzug für den fasch verstandenen Individualismus, d.h. der echte, wahre Individualismus, der in der Tat eine Bereicherung darstellt, wird in dieser sozialen Struktur den richtigen Nährboden finden und jeder wäre bemüht, seinen positiven Beitrag dem Mitmenschen gegenüber zu leisten, auch wenn dieser ein Witz ist, damit die anderen etwas zu lachen haben.

Die soziale Bedeutung der Frau in den islamischen Ländern liegt in ihrem Kontrast zum öden, harten natürlichen Umfeld auf der natürlichen Gegebenheiten, nämlich Wüste, Trockenheit, Öde etc. So stellt die Frau in dieser Atmosphäre einen sehr angenehmen Gegenpol für das Leben dar. Virgil Gheorghiu schildert in seiner einfühlsam-poetischen Propheten-Biographie, „La vie de Mahomet", die Bedeutung der Frau für den Wüstenaraber:

„Für einen Araber kommt der Frau eine Bedeutung wie nirgends sonst auf der Erde zu ... Die einzige weiche Linie, die sich in der Wüste abzeichnet, den Bäumen eines Obstgartens entsprechend, das sind die Umrisse des weiblichen Körpers. In der Wüste ersetzen die Frauen den Garten, die Blumen, die wohlriechenden Früchte, die blauen sich windenden Gewässer, die Sturzbäche und das Murmeln der Quellen ... Die Frau in der Wüste, das ist all die Schönheit und all der Prunk des Universums, in einem einzigen Körper verdichtet."

Kann man glauben, dass dieses Volk, bevor es islamisch wurde, Frauen verachtete?

Der Koran weist unter seinen 114 Suren, von denen keine den Männern gewidmet ist, eine - die 4. Sure - auf, die sich nicht nur „Die Frauen" (annisa) nennt, sondern sich auch inhaltlich mit ihren Rechten und ihrem Familienleben befaßt.

Der erste Vers dieser Sure unterstreicht die Wesensgleichheit und Gleichwertigkeit zwischen Mann und Frau:

„O ihr Menschen, fürchtet euren Herrn, Der euch aus einem einzigen Wesen erschuf, aus ihm die Partnerin, und aus beiden viele Männer und Frauen entstehen ließ."

Der Koran, in sich widerspruchsfrei und kohärent, wendet sich an Frauen und Männer gleichermaßen. Beide Geschlechter unterliegen nach ihm als eine Schicksalsgemeinschaft mit gleicher Potenz und Bestimmung den gleichen existentiellen Bedingungen.

Diese oben erwähnten natürlichen Gegebenheiten, die religiös von der Offenbarung Gottes für die Muslime bekräftigt und gestärkt werden, existieren leider nicht für die Frau im Abendland. Ob das oben erwähnte Positive aus islamischer Sicht seinen Widerhall in der Interaktion zwischen Mann und Frau findet, hängt wiederum vom Bildungsgrad und vor allem von der religiösen Haltung des Mannes ab.

Der Satz „Der Koran, in sich widerspruchsfrei und kohärent" entspricht im Gegensatz zu dem, was im Abendland darüber bekannt ist, in der Tat der Wahrheit. Beim Lesen des Koran einfach so ohne historische Kenntnisse bzw. ohne Wissen über „historische Offenbarungsursachen" zu haben, erscheint dieser widersprüchlich.

Bei diesen erwähnten Vorzügen des gesamten Umfelds für die Situation der Frau in natürlicher, theologischer und ethnischer Hinsicht in den islamischen Ländern bleibt nur doch ein Nachteil, nämlich die Herrschaft des Mannes, von der die Frau auf diesem Globus zu befreien ist. Gerade das Verhalten, wie bereits im Buch erwähnt, des Mannes aus islamischen Ländern in den europäischen Ländern zeigt exakt das umgekehrte Bild der Situation der Frau in den entsprechenden Ländern in Wirklichkeit, weil die Angehörigen ihrer Sippe sehr weit weg sind und ihr Mann deshalb keine Konfrontationen mit ihnen zu befürchten hat. Dank der Sensationsmacherei der Medien wird leider nur das Negative berichtet und das Positive bleibt außen vor.

Was könnte aber die muslimische Frau in der Tat von den Frauen in der Moderne lernen? Nach dem, was meine Frau und ich sowohl in Kairo als auch auf dem Lande bei den Bauern gesehen haben, wünschten wir uns streckenweise ein europäisches Verhaltensmuster mancher Frauen in Bezug auf Bildung, Ordnung, Koordination und Persönlichkeitsstärke bzw. Durchsetzungskraft.

Ein Symbol für die Unterwürfigkeit der Frau gegenüber dem Mann wird durch die weibliche Beschneidung, eine ethnische Verhaltensweise älter als alle abrahamischen Religionen, verkörpert und das über die religiösen Grenzen hinweg. Durch zahlreiche Gespräche, die meine Frau und ich mit meinen Geschwistern über das Thema geführt haben, haben wir in der Tat insofern Erfolge erzielt, dass die Beschneidung der Mädchen innerhalb der Familie stark reduziert wurde, denn die meisten Töchter meiner Geschwister und deren weibliche Kinder sind durch unsere dankbar aufgenommene Aufklärung nicht beschnitten worden. Die stärksten Argumente, die das bewirkt haben, waren in der Tat religiöse. Hier stand das göttliche Recht der Frau auf Sexualität, natürlich mit ihrem Ehemann, an erster Stelle. Die Beschneidung der Söhne ist unserer Meinung nach, was wir auch den anderen gegenüber vertreten haben und was der Prophet auch begrüßt hatte, bei dem heißen Klima dort wie bereits vorher erwähnt eine sehr wichtige hygienische Maßnahme. Unser Problem lag bei den Bäuerinnen auf dem Lande. Wir merkten beim Gespräch, dass sie unbewusst diese Maßnahme für die Mädchen mit der Bewahrung der Frauenehre verbinden. In Kairo haben die Frauen meiner Brüder, wie viele andere auch, ihre Berufe. Allerdings sind die meisten nur halbtags berufstätig mit der Begründung, dass sie innerlich bei der Arbeit, wenn diese länger dauern würde, wegen der daheim gebliebenen Kindern trotz der Aufsicht von Oma, Tanten usf. unruhig werden. Man merkt ziemlich deutlich, dass diese Frauen, wie sie das offen bestätigen, die Arbeit als Beistand für ihre Ehemänner ansehen, wobei die Höhe des verdienten Geldes eine sekundäre Rolle spielt. Sie wollen nur den Männern mitteilen, dass sie am gleichen Strang ziehen wie diese in Anbetracht der Tatsache, dass viele Männer mehrere Jobs haben, denn das Einkommen nur von einer Arbeitsstelle würde nicht ausreichen, die Familie zu versorgen.

Die Frau meines jüngsten Bruders wurde trotz vier Kinder wieder schwanger, es war ihr Wille. Obwohl sie berufstätig ist, wobei sie bei einer staatlichen Stelle arbeitet, nimmt sie ihre neugeborenen Tochter jeden Tag zur Arbeit mit um sie während der Arbeitszeit zu stillen. Dieser Fall zeigt, wie frauenfreundlich die Arbeitsbedingungen sein können. An dieser Stelle muss noch einmal betont werden, dass sie im öffentlichen Dienst arbeitet und ob dies in der Privatwirtschaft machbar wäre, ist eine andere Frage. Diese Schwägerin hat auf ihre innere Stimme als Mutter gehört. Ihr letztes Kind vor der Geburt des Jüngsten war bereits 12 Jahre alt, d.h. ihre Sehnsucht nach einem Säugling, den sie stillt und versorgt, war so stark, dass sie das kognitive Denken einfach zur Seite geschoben hat ohne die absolute Beschränkung der Lebensqualität gerade in der heutigen Zeit in Ägypten durch eine Vielzahl von Kindern zu bedenken.

Diese emotionale Seite der Frau ist erst recht bei den Frauen auf dem Lande sehr stark vertreten, indem sie Kinder am laufenden Band produzieren ohne die sozialen Konsequenzen zu bedenken. Sie genießen ihr Mutterdasein und vor allem den Wert dessen, was koranisch über den hohen Stellenwert der Mutter manifestiert ist. Sie gehen davon aus, dass der Mann für die Ernährung des zahlreichen Nachwuchses zuständig ist und dies eben seine Aufgabe ist. Im Notfall verlassen sie sich auf Gott, der schon für die Ernährung der Kinder sorgt. Dass hier der Fatalismus völlig falsch angebracht ist, liegt klar auf der Hand. Korrekt islamisch gesehen muss der Mensch zuerst einmal das Seinige tun, bevor er mit Gott rechnet. Eine weitere Motivation aus Frauensicht für den Kinderreichtum liegt darin, den Mann damit psychologisch fester an sich zu binden, denn er stellt ein

Hemmnis für den Ehemann dar, seine Frau zu verlassen. Ein geistiger Beistand in Richtung „abendländische Frau" käme der Lebensqualität der ganzen Familie zugute, d.h. zu überlegen, ob nicht weniger Kinder, dafür eine bessere Ausbildung und mehr Hoffnung auf gute Berufe nicht der bessere Weg wären als sehr viel Nachwuchs zu bekommen, bei dem man Gefahr läuft, den Überblick auf allen Ebenen zu verlieren. Genau hier wäre eine abendländische Portion an Lebensart und –weise sehr gut angebracht.

In der Grundhaltung beider Eltern existiert folgender Mechanismus: Der Sohn muss weiterführende Schulen besuchen, denn er muss später Frau und Kinder ernähren. Das Mädchen erhält sowieso durch die Heirat seinen Ernährer. Diese Grundeinstellung ist in Wahrheit das Messer im Rücken der Frauenemanzipation in fast allen islamischen Ländern. Die mangelnde Bildung des weiblichen Geschlechts stellt den Faktor dar, der dem Mann hilft, die Frau zu unterdrücken. Glücklicherweise gibt es im Wege der Unterdrückung der Ehefrau eine religiöse und ethnische Begrenzung. Die erste ist durch die islamische Glaubenslehre gegeben und vor allem durch die Furcht vor Gott, der alles sieht und alles weiß, die zweite ist die Angst vor den Angehörigen der eigenen Ehefrau.

An dieser Stelle muss auch erwähnt werden, dass die wenigen Mädchen, die noch nicht verheiratet sind und sich in einer Ausbildung befinden, für das Moderne, das durch die Satellitenanlage ins Wohnzimmer gelangt, viel anfälliger sind als ihre Geschlechtsgenossinnen im Abendland. Die meisten von ihnen, die sich das finanziell leisten können, tragen fast nur sogenannte Markenartikel bzw. die neueste Mode und genau hier ist es für den Beobachter ein Genuß zu sehen, wie diese das mit dem Kopftuch kombinieren. Ein weitere Art, den Fortschritt zu dokumentieren liegt im Essen von Fast Food und Trinken von Coca-Cola. Mehr Kritik gegenüber einem solchen Pseudofortschritt wäre ein dringend notwendiger Lernprozeß.

Von daher gesehen haben wir es bei der Situation der Frau mit großen Extremen zu tun. Während die Frau im Abendland auf manche elementare Rechte bezüglich ihrer Weiblichkeit und ihrer Mutterrechte verzichten muss, herrscht in den islamischen Ländern exakt das Gegenteil. Man ignoriert dort viele zivilisatorische und materielle Rechte, dafür genießt die Frau ihre Weiblichkeit auf allen Ebenen, auch wenn die Familie am Rand des Existenzminimums lebt. So gesehen wäre es ein wichtiges Ziel des Globalisierungsprozesses, wenn Frauen und Männer hüben und drüben voneinander lernen könnten, um die goldene Mitte zu finden, denn die Leidtragende in beiden Welten ist in der Tat leider die Frau.

Literatur

Al Buhari, Sahih: Nachrichten von Taten und Aussprüchen des Propheten Muhammad, Stuttgart 1991.

Baumann, Maria: Katharina heißt jetzt Ayse, Wege deutscher Frauen zum Islam, Regensburg 2004.

Belhassen, Souhayr: Le Voile de la soumission, Jeune Afrique, 25. April 1979.

Bibliographisches Institut & F. A. Brockhaus AG, 2003.

Bundesinstitut für Bevölkerungsforschung (BiB), Heft 113, 2004.

Bundesinstitut für Bevölkerungsforschung (BiB), Sonderheft der Schriftenreihe 2004.

Davis, Eric: Islam and Politics: Some Neglected Dimensions. Vortrag, gehalten vor der Alternative Middle Eastern Studies Conference, New York 1979.

Die Bibel – Die ganze Heilige Schrift des Alten und Neuen Testaments, Köln 1964.

Focus Nr. 22, München 2004.

Gheorghiu, Virgil : La vie de Mahomet, Paris 1970.

Goodman, Anthony: Teheran Talks of Sin: A New Crackdown, San Francisco Chronicle, 27. Juni 1980.

Heine, Ina und Peter: O ihr Musliminnen, Freiburg 1993.

Heitmeyer, Wilhelm/Müller, Joachim/Schröder, Helmut: Verlockender Fundamentalismus, Frankfurt/M 1997.

Hofmann, Murad : Der Islam als Alternative, München 1993.

Hofmann, Murad: Der Islam im 3. Jahrtausend, Kreuzlingen 2000.

Hottinger, Arnold: Bonaparte in Ägypten, München 1983.

Hourani, Albert: Die Geschichte der arabischen Völker, Frankfurt am Main 1992.

Jansen, G. H.: Militant Islam: The Historic Whirlwind, New York 1980.

Khoury, Adel Theodor: Der Islam: sein Glaube, seine Lebensordnung, sein Anspruch, Freiburg 1998.

Khoury, Adel Theodor (Hg.): Lexikon religiöser Grundbegriffe, Graz 1987.

Khoury, Adel Theodor: Weisheiten des Korans, Gütersloh 1996.

Kifner, John: The Turks Have a Word for It - Kemalism, New York Times, 21. September 1980.

König, B. Emil: Hexenprozesse, Schwerte/Ruhr.

McManus, Doyle: In Turkey, a Comeback for Islamic Fundamentalism, San Francisco Chronicle, 23. Juli 1980.

Nuur, Islamisches Frauenmagazin, Frankfurt am Main, März 2004

Paret, Rudi: Der Koran, Kommentar und Konkordanz, Stuttgart 1981.

Paret, Rudi: Der Koran, Übersetzung von Rudi Paret, Stuttgart 1980.

Patai, Ralph: The Dynamics of Westernization in the Middle East, The Middle East Journal, Bd. 9, Nr. 1, 1955.

Philipp, Mangol Bayat: Women and Revolution in Iran 1905-1911. In: Beck und Keddie, Women in the Muslim World.

Qutb, Sayed: Milestones, Karachi 1981.

Tahtawi, Rifa'a at: Ein Muslim entdeckt Europa, übersetzt von Karl Stowasser, Leipzig, Weimar, auch München 1988.

Wren, Christopher: The Muslim World Rekindles Its Militancy, New York Times, 18. Juni 1978.

Ahmed Ginaidi

Voraussetzungen
für einen interreligiösen Dialog zwischen Christen und Muslimen

Islamische Perspektiven im Blick auf Muslime in der Diaspora und ihre Kinder an deutschen Schulen

ISBN 3-89821-174-6
290 S., Paperback
€ 34,80

Zu beziehen über jede Buchhandlung oder direkt bei
ibidem

Die Notwendigkeit eines interreligiösen Dialogs zwischen Christen und Muslimen wird heute oft genug und gerade mitten im Prozess der Globalisierung umso dringender benötigt. Die Geschehnisse in Amerika vom 11. September 2001 und ihre Folgen haben dem nur noch mehr Nachdruck verliehen. Nicht nur eine ganze Religion, sondern auch ihre Anhänger, mehr als eine Milliarde Menschen, laufen Gefahr, gerade dadurch in Verruf zu geraten.

Die vorliegende Arbeit behandelt die Aspekte eines interreligiösen Dialogs aus islamischer Sicht in der Hoffnung, dass der eigene Erfahrungsprozess, den der Autor durch seinen Aufenthalt in Deutschland persönlich gemacht hat, bezüglich seines Glaubens im Rahmen dieses Dialogs annähernd realisiert werden kann. Als gebürtiger Ägypter und Muslim kam er mit 18 Jahren nach Deutschland. Durch Begegnungen und die sich daraus ergebenden Gespräche begann er, die eigene Religion im Kontrast zum Christentum neu zu erkennen. So bekam die eigene Glaubenslehre des Autors eine völlig neue und vor allem eine bewusstere Qualität. Vor allem die Erkenntnis der Vielfalt – Judentum, Christentum und Islam – im abrahamischen Angebot Gottes an die Menschen und der darin gebotene Reichtum wurde in der Begegnung mit dem Christentum manifestiert. Dieser Reichtum zeigt sich in einer tieferen Religiosität und in der Erkenntnis, dass der andere nicht nur ein Mitmensch ist, sondern ein Träger einer göttlichen Offenbarung darstellt. Diese Erfahrung bildet den Schlüssel zum Buberschen Du.

Der Autor: Ahmed Ginaidi, 1943 in Kairo geboren, kam 1961 als Volontär für Maschinenbau von der ägyptischen Regierung in die BRD. Nach Abschluss des Studienkollegs der Universität Heidelberg studierte er zunächst Geologie in Heidelberg und Karlsruhe. 1969 lernte er seine deutsche christliche Frau kennen, was dazu führte, dass er das Lehramtsstudium in Karlsruhe absolvierte. Heute ist er Realschullehrer und Lehrbeauftragter an der Pädagogischen Hochschule Karlsruhe sowie sehr aktiv im Bereich des interreligiösen Dialogs.

Ahmed Ginaidi

Jesus Christus und Maria aus islamisch-koranischer Perspektive

Grundlagen eines interreligiösen Dialogs

ISBN 3-89821-237-8

144 S., Paperback, € 19,90

Erhältlich in jeder Buchhandlung oder direkt bei der

Edition Noëma

Die Notwendigkeit eines interreligiösen Dialogs zwischen Christen und Muslimen wird heute oft genug und mit guten Gründen beschworen – zumal im Prozeß der Globalisierung. Die Geschehnisse in Amerika vom 11. September 2001 und ihre Folgen haben dem nur noch mehr Nachdruck verliehen. Nicht nur eine ganze Religion, sondern auch ihre Anhänger, mehr als eine Milliarde Menschen, laufen Gefahr, gerade dadurch in Verruf zu geraten.

Die islamische Glaubenslehre als jüngste abrahamische Religion bestätigt die vorangegangenen Religionen. Sie ist die einzige nachchristliche, die in Jesus nicht nur das Wort Gottes erkennt, sondern in Jesus auch ein Zeichen der Liebe und Barmherzigkeit Gottes sieht. Der folgende Vers bestätigt aus islamischer Sicht die Wichtigkeit des jüdischen und des christlichen Glaubens.

„Sagt: , Wir glauben an Gott und (an das), was (als Offenbarung) zu uns, und was zu Abraham, Ismael, Isaak, Jakob und den Stämmen (Israels) herabgesandt worden ist, und was Moses und Jesus und die Propheten von ihrem Herrn erhalten haben, ohne daß wir bei einem von ihnen (den anderen gegenüber) einen Unterschied machen. Ihm sind wir ergeben. ' " [2:136]

Diese Vielfalt in Gottes Angebot ist ein Reichtum, den wir in der heutigen Zeit unbedingt erkennen müssen.

Der Autor:

Dr. Ahmed Ginaidi wurde 1943 in Kairo geboren. Er ist Muslim und lebt seit 1961 in der BRD. Seit 30 Jahren ist er als wissenschaftlicher Mitarbeiter und Lehrbeauftragter für islamwissenschaftliche Veranstaltungen an der Pädagogischen Hochschule Karlsruhe tätig sowie sehr aktiv im Bereich des interreligiösen Dialogs.

Edition Noëma
Melchiorstr. 15
D-70439 Stuttgart

info@edition-noema.de
www.edition-noema.de
www.autorenbetreuung.de

www.ingramcontent.com/pod-product-compliance
Lightning Source LLC
Chambersburg PA
CBHW060341170426
43202CB00014B/2844